김승곤 박사 유고집

약소국 시각에서 본 강대국 정치와 한반도

정봉화 엮음

국립중앙도서관 출판시도서목록(CIP)

김승곤 박사 유고집 : 약소국 시각에서 본 강대국 정치와
한반도 / 정봉화 엮음. -- 파주 : 한울, 2006
    p. ;   cm

ISBN   89-460-3531-5 93340

349.11-KDC4
327.519-DDC21   CIP2006000997

김승곤 박사의 유고를 책으로 엮어내며

이 책은 김승곤 박사의 유고를 정리한 것이다. 김 박사는 나의 자형이다. 그는 일본 제국주의 세력이 한반도 식민통치를 본격적으로 강화하던 시기에 태어나서(1916년 3월 12일) 역사적인 남북정상회담이 개최된 2000년에 세상을 떠났다(2000년 9월 2일). 김 박사는 오랜 와병생활을 했음에도 불구하고 84세까지 사셨다. 아마 평소 당신의 민족문제에 대한 열정과 집념이 그로 하여금 2000년 6월의 역사적인 남북정상회담 때까지 버틸 수 있는 힘을 갖게 한 것 같다.

나의 자형인 김승곤 박사는 비교적 넉넉한 집안의 차남으로 태어났으며 어린 시절부터 남다른 학구열을 보였다. 그는 1929년에 대구고보에 입학했다. 1학년이던 그해 11월 3일 광주학생사건이 일어났고, 그는 이 사건으로 대구에서 경찰에 체포되었다. 서대문 형무소에서 3년 동안 미결수로 감옥살이를 했기에 대구고보를 중퇴할 수밖에 없었다. 총독부의 사면령으로 감옥에서 나온 그는 우여곡

절 끝에 배재고보에 편입학했다. 그 후 세브란스 의전(현 연세대학교 의과대학)을 졸업하고 평생을 의사로서 보냈다. 개업 중에 다시 대학원에 입학해서 연구에 몰두하여 1964년 2월 모교에서 의학박사 학위를 취득했다.

김 박사는 평생을 의사로 지냈지만 그저 의술과 진료만을 생각하지는 않았다. 의사라는 안정된 직업을 갖고 있으면서도 평생을 사회문제와 민족문제에 대해 남다른 관심과 열정, 비전을 가졌다. 와병 중임에도 불구하고 여기 실린 글을 쓰는 데 그렇게 집착했던 것도 그런 열정 때문이었을 것이다.

김 박사는 일제치하 조선인 자식의 장래를 걱정한 부모님의 권유 때문에 비교적 장래가 보장되는 의대를 선택했다. 하지만 그는 재학 중에 의학뿐 아니라 사회과학 서적을 탐독했다. 식민통치라는 암담한 시대를 살아가야 했던 대부분의 지식인이 그러했듯이 그 또한 조국의 독립문제에 대한 치열한 고민을 했고 때로는 그 때문에 좌절했다.

이러한 고민과 좌절로 인해 그는 결국 의대 재학 중에 건국동맹에 가입해서 활동하게 되었다. 4년 후인 1941년에 와서 그는 건국동맹 사건으로 다시 일본군 헌병 특무대에 체포되어 감방에서 정신적·육체적으로 모진 고문을 받았다. 아마 이때가 그의 인생에서 가장 절망적이고 가혹한 시기였을 것이다. 그 후에도 과거의 행적과 언행 때문에 정보기관으로부터 항상 감시를 당했고 사회활동도 제약을 받았다.

김 박사는 피압박민족의 독립과 자주성 확립방안을 모색하는 과정에서 자연스럽게 마르크스 - 레닌주의와 반제국주의 민족해방 운동에 관한 이론서들을 접하게 되었다. 김 박사의 이러한 사회운동과 학문적 역정이 그로 하여금 국제정치 문제를 주로 약소국 또는 피압박민족의 시각으로 분석하게 했다. 또한 통일문제나 북한을 보는 시각도 국가우선주의보다는 민족우선주의를 선호하게 만들었다.

김 박사의 유고는 2차 대전 이후 승전국들 간의 세력재편 과정 속에서 야기된 강대국과 약소국 간의 관계와 미국과 소련을 기본 축으로 하는 냉전체제의 형성 및 전개과정을 자신의 시각으로 분석, 평가하고 있다. 그는 냉전체제로 개념화할 수 있는 새로운 국제질서 하에서 대두된 여러 가지 문제들을 미국과 소련은 어떻게 다루고 처리했는가를 중점적으로 다루고 있다.

이러한 분석의 전제로서 그는 우선 인류에게 미증유의 참화를 강제한 두 차례의 세계대전을 주로 제국주의 진영 간의 세력투쟁으로 해석했다. 그리고 이 과정에서 약소국의 이해는 철저하게 유린당할 수밖에 없다고 보았다. 특히 제2차 세계대전은 처음에는 1차 대전과 마찬가지로 제국주의 전쟁으로 시작되었으나 전쟁이 본격화되는 과정에서 파시스트 세력의 억압에서 벗어나기 위한 민족해방 전쟁의 성격을 띠게 되었다고 파악하고 있다. 그는 연합국의 승리는 세계 각지의 민중 주도의 반파시즘 해방투쟁이 없었다면 불가능했다고 주장한다. 그 자신의 시각이 그대로 반영된 해석이다.

김 박사의 유고는 모두 4편으로 구성되어 있다. 제1편(제2차 세계대전 후의 국제정세)에서는 주로 2차 대전의 성격과 대전 이후 미국과 소련을 중심으로 형성된 냉전체제라는 새로운 국제질서의 특성들을 설명하고 있다. 그리고 이 과정에서 제기된 아시아의 민족해방운동 문제를 주로 다루고 있다.

제2편(중국 내전과 미국의 대화정책)에서는 파시스트 일본의 중국 침략과 국공내전(국민당과 공산당 간의 전쟁)관계와 미국의 내전 개입과 실패, 그리고 중국공산당의 대륙통일 과정과 그것이 동남아 민족해방운동에 미친 영향을 분석하고 있다.

제3편(샌프란시스코 강화조약과 한국전쟁)에서는 패전국 일본의 처리문제를 다룬 샌프란시스코 강화조약, 특히 일본의 진정한 독립과 자주성 확보를 위한 전면강화투쟁 과정, 그리고 한국전쟁과 한반도의 분단고착화 과정을 설명하고 있다.

제4편(조국분단과 통일문제)에서는 한반도 분단의 대내외적 요인과 심화 과정, 그리고 대내외적 통일환경 및 남북한 공동이익을 만들어낼 수 있는 통일방안에 대한 논의와 자신이 구상하고 있는 통일방안을 제시하고 있다.

김 박사는 임종 직전에 처남인 나를 부르더니 원고뭉치를 주면서, 한번 읽어보고 잘못된 부분이나 미흡한 점이 있으면 수정, 보완해서

출판해 달라고 부탁했다. 사실 자형과 나는 가끔 만나서 국제정세와 현존 사회주의국가들의 급격한 변화와 몰락, 그리고 한미동맹의 문제, 통일 및 남북한관계에 대해서 격의 없는 토론을 해왔었다. 그때마다 시각의 차이로 적지 않은 의견 충돌이 있었다. 육사를 졸업하고 한동안 군 장교로서 안보일선에 있었던 나와 자형의 시각 차이는 어쩌면 당연한 일이었다.

특히 자형인 김 박사와 나는 북한과 통일문제를 보는 데 있어서 시각차가 컸다. 앞에서 언급한 바와 같이 그는 북한과 통일문제를 민족우선주의적 패러다임을 중심으로 이해하려고 한 반면 나는 국가(안보)우선주의 패러다임을 중심으로 보려고 했다. 이 과정에서 나는 두 패러다임을 항상 배타적 관점에서만 볼 필요는 없다는 생각을 하게 되었다.

나는 뒤늦게 대학원(박사과정)에 입학해서 국제정치, 특히 북한의 대남정책과 남북한 관계를 연구하면서 통일문제나 대북인식을 둘러 싼 양극화 현상의 문제점에 대해서 주목했다. 이 과정에서 오랫동안 우리 사회를 지배해 왔던 맹목적 냉전 및 반공의식과 이에 대한 반작용의 결과인 환상적 교조주의 시각만으로는 문제의 본질을 정확하게 파악하고 이해하기 어렵다는 사실을 절감하게 되었다.

김 박사와 나는 토론과정에서 서로의 시각차를 적지 않게 좁혀갈 수 있었다. 나는 그를 통해서 민족우선주의적 입장에서 북한과 통일 문제를 보는 안목을 배웠다. 그는 나와의 토론을 통해서 북한이나 통일문제를 국제정치의 현실주의적 관점과 국가(안보)우선주의적 입장에서도 볼 필요가 있다는 점을 인정하게 되었다.

오랫동안 고집스럽게 자신의 입장을 견지해 왔던 자형은 현존 사회주의체제의 위기와 해체를 경험하면서 적지 않은 충격을 받았다. 그 과정에서 자형은 일종의 '지적 전향'의 유혹도 받았을 것이다. 그러나 비록 자신이 믿고 실천해 왔던 사상에 대한 회의에도 불구하고 그의 자존심은 그러한 전향을 허용하지 않았다. 다만 당신이 견지해 온 '생각의 일방성'에 대해서는 교정이 필요하다는 점만은 인정했다. 그는 노년의 병상에서 균형감각에 대한 말씀을 자주 했다. 어쩌면 처남에게 자신의 원고를 넘기면서 수정해도 무방하다는 말을 한 것은 자신의 편향성을 간접적으로 인정한 것 아니겠는가.

김 박사의 육필 원고를 읽고 정리하면서 그의 미래를 보는 혜안에 놀랐다. 주지하듯이 그의 주장과 현실인식은 냉전시대에는 너무 좌편향적인 것으로 비판받았고 통제를 당했다. 그러나 오늘의 시점에서 볼 때, 그의 구상과 주장의 일부는 일반적 현상으로서 실천적 차원에서 다루어지고 있는 것도 있다. 특히 남북관계나 통일문제에 대한 김 박사의 통찰은 2000년 남북정상회담 이후 이상이 아니라 실천적 과제가 되었다. 어쩌면 자형은 생전에 이미 한반도가 1953년의 휴전체제(한미동맹체제)에서 서서히 2000년 체제(남북정상회담체제)로 이행되고 있는 대전환 현상을 예감하고 있었는지도 모른다.

나는 김 박사의 초고 중 상당 부분을 수정, 보완했다. 인용 출처가 명확하지 않거나 구체적인 설명이 필요한 부분은 찾을 수 있는 데까지 찾아서 주석을 달았다. 문장도 가급적 단문으로 바꾸었다. 그리고 일부 내용 중 실제 있었던 사실과 너무 다른 경우나 잘못된 해석은 아예 삭제한 것도 있다. 사실 어떤 현상을 이해하거나 해석하는 준거가 되는 시각은 이데올로기에 깊게 침윤되어 있거나 비합리적일 때가 많다. 때로는 시각 자체가 현실을 재구성하는 경우도 있다.

주지하듯이 김 박사는 의사이지 국제정치학자가 아니다. 이 분야를 전문적으로 공부하거나 연구한 경력이 없는 순수한 아마추어이다. 따라서 이 글을 읽으면서 여러 가지로 아쉬운 점이 많을 것으로 생각한다. 그저 김 박사의 민족문제에 대한 깊은 애정을 인정하면서 이 글을 대한다면 나름대로 의미가 있을 것이다.

자형의 고집스러운 삶의 방식에 경의를 표하면서

2006. 3. 처남 정봉화

차례

제1편

제2차 세계대전 후의 국제정세

1914년에 시작된 제1차 세계대전은 1918년까지 5년간이나 지속 되었다. 이 전쟁으로 인해 수많은 사람들이 희생되었다. 그러나 아직도 인류는 이 전쟁이 일어난 원인을 제대로 파악해서 해결하지 못했다. 그 결과 제1차 대전이 발발한 요인 자체가 다시 2차 대전을 초래하는 비극을 겪게 되었다. 단지 1차 대전에서의 '3국동맹'과 '3국협상'이 2차 대전에서 '추축국'과 '연합국'이라는 틀로 바뀌었을 뿐이었다.

특히 1차 대전의 발발 요인을 정밀 분석해 보면 당시 제국주의 국가 사이의 국제정세와 피압박민족의 독립 문제가 긴밀히 연관되 어 있음을 알 수 있다. 그러나 베르사유 체제는 이러한 기본 문제를 도외시했다. 국제분쟁을 방지하기 위한 평화기구로서 출범한 국제 연맹(League of Nations) 역시 주요 성원국이 제국주의 국가라는 한계를 벗어날 수 없었다. 바로 그 이유 때문에 국제연맹은 항구적 평화달성이라는 창설 목적을 이룰 수 없었다. 결국 국제연맹이 발족한 지 20년도 못 되어 대규모의 세계대전이 재발했다. 이 전쟁은 역사상 가장 큰 참화를 인류에게 안겨주었다.

형식적인 평화기구에 불과하다고 혹평을 받은 국제연맹은 창설 초기 폴란드, 체코슬로바키아, 유고슬라비아 등 일부 국한된 지역에서 형식적인 민족독립을 허용했다. 하지만 세계인구 70% 이상의 피압박민족은 여전히 제국주의 식민정책하에서 신음하고 있었다. 형식적 독립을 얻은 국가 역시 몇몇 제국주의 국가의 신식민지정책으로 그들의 반식민지 테두리를 벗어나지 못한 채 제국주의 위성국가로 남아 있었다.

국제연맹의 평화 관련 실천 사업은 표면상 항구적인 세계평화를 위해 일련의 사업을 수행하는 듯 보였다. 그러나 실제적으로는 영국, 프랑스, 미국 등의 제국주의 국가를 중심으로 한 세계 식민지의 현상유지와 재분할을 목적으로 한 신식민지 정책이 주 임무였다고 할 수 있다.

이에 불만을 품은 독일, 이탈리아, 일본 등의 파시즘 국가는 이러한 신식민지 정책을 타파하기 위해 여타 약소국을 그 희생양으로 삼는 새로운 전략을 강구했다. 제1차 세계대전의 패전국 독일에서는 1933년 정권을 장악한 나치독일이 베르사유 조약 파기의 기치를 들면서 독일 제3제국을 선언하고, 1936년 라인란트 진주, 1938년 오스트리아 합병, 체코 해체, 유태인 추방, 1939년 폴란드 침공 등 제국주의 침략만행을 단행했다. 또한 이탈리아의 무솔리니(B. Mussolini)는 1935년 에티오피아를 침공하여 세계를 놀라게 했으며, 일본 제국주의는 1931년 만주사변을 일으킨 후 곧 만주를 점령했다.

이들 나라가 약소국 및 피압박민족을 마음대로 유린할 수 있었던 이유로는 제국주의의 본질적 속성과 베르사유 체제의 신식민지정책, 군국주의 부활 및 파시즘 국가의 출범 등을 들 수 있다. 이러한 징후는 향후의 세계대전을 예고하는 것과 다름없었다.

파시즘 국가의 호전적인 정책에 대해 평화를 표방하면서 국제연맹의 주도권을 장악한 영국과 프랑스 양국은 지극히 소극적으로 대응했을 뿐만 아니라 수수방관하고, 심지어 약소국의 희생을 강요했다. 돌이켜보면 확실히 이 두 국가는 당시 파시즘을 저지할 능력도 의지도 없었다. 양국은 애초부터 베르사유 체제에 의한 식민지 현상 유지에 목적을 두었을 뿐 평화정책에는 줄곧 형식적인 태도를 취해 왔다. 따라서 1931년의 일본의 만주침략은 물론이거니와 1937년의 중국대륙 침략도 외면했다.

이러한 태도를 일종의 시험대로 본 히틀러(A. Hitler)는 자국의 제국주의 정책을 밀고 나가 1938년 체코를 점령하기에 이른다. 주지하듯이 이때 영국과 프랑스는 히틀러와 '뮌헨 협정'을 맺고 체코를 파시스트 국가에 이양했다. 다음 해인 1939년 히틀러가 폴란드를 전면 침공하는데, 이때 비로소 양국은 독일에 선전포고를 하고 세계는 2차 대전에 직면하게 된다. 영국과 프랑스 양국은 이해관계가 깊은 자신들의 위성국이 침략을 당하자 비로소 서둘러 대책을 세운 것이다.

이와 같이 2차 대전을 야기한 기본 원인 역시 영국, 프랑스 등의 국제식민지 유지 국가군과 기존 식민지구도 타파 국가군과의 식민지 쟁탈전이었다. 그런데 대전의 진행과정에서 독일의 소련침공 및 중국과 일본의 전쟁이 본격화하자 새로이 기존 연합국 진영으로 소련과 중국이 가세하면서, 전쟁의 성격은 전쟁 발발 초기의 제국주의자 간 식민지쟁탈전 양상을 벗어나 반(反)파시즘 양상을 띠게 된다. 그 후 전승국 진영에 기존 식민지 기득권 세력이 아닌 소련과 중국이 추가로 포진하고, 이는 워싱턴의 탈식민지화를 기저로 하는 전후 세계구상과 맞물려 대전 후 국제질서는 새로운 전기를 맞게 되었다. 그 결과 세계적 규모의 탈식민지화가 급진전되었다. 이어서 전 세계 약소민족과 피압박민족의 해방과 더불어 우리 민족도 독립을 맞이했다.

제1장 전후 세계균형의 변화와 냉전의 도래

제2차 세계대전은 미증유의 참화를 부른 전쟁이었다. 전후 로마 교황청이 발표한 통계에 의하면 전쟁으로 2,200만 명 이상이 생명을 잃었고 약 3,440만 명이 부상당했다고 한다. 특히 군인 이외 일반 시민이 사상과 전화를 입은 경우가 2배 이상으로 많았다. 예를 들어 대전 중 직접 전장이 되지 않았던 영국 본토에서도 약 15만 명의 민간인 사상자를 냈고 200만 이상의 주택이 공습 피해를 입었다.

무엇보다 2차 대전은 제국주의 전쟁으로 일관된 1차 대전과는 전혀 다른 양상을 보이며 전개되었다. 2차 대전은 애초에는 1차 대전과 다름없이 제국주의 전쟁으로 시작되었다. 그러나 전쟁이 본격화하면서 이 전쟁은 독일, 이탈리아, 일본을 일방으로 한 세력에 대한 구식민지 지배국가의 기득권 유지를 위한 전쟁에서 기존 파시즘의 억압에서 벗어나기 위한 해방전쟁의 성격으로 그 양상이 바뀌어갔다. 결국 세계 각지의 광범위한 민중의 반파시즘 해방투쟁을 제외하고서는 1945년 연합국의 승리는 생각하기 힘들다.

2차 대전 후의 국제정세는 이러한 바탕에서 조성된 것이다. 자본주의 세계에서의 미국의 결정적 우월성과 병행하여 소련의 국제적인 지위 강화 및 세계 피압박민족의 해방운동이 전후 국제정세를 주도했다. 그 결과 제국주의를 야기한 자본주의 자체로부터의 이탈을 주장하며 사회주의를 내세운 각국 정치 세력의 비중이 커졌다. 그리고 과거 식민지 종속국에서 민족해방 투쟁이 새롭게 고양되면서 전통적인 방식으로 수행되던 제국주의 식민체제의 위기가 첨예화되었다. 특히 식민지 피압박민족 내에서 사회주의 세력의 영향력은 그들의 반파시즘 투쟁을 소련이 적극적으로 도우면서 2차 대전

기간 동안 급성장한다. 이들 사회주의 세력은 이후 전개된 반제국주의 투쟁에서의 주역을 담당하면서, 2차 대전 후의 세계를 기존의 세계와는 다른 방향으로 이끌었다.

1. 유럽 제국주의의 몰락

제2차 세계대전은 유럽 제국주의 국가의 몰락을 촉진했다. 우선 과거 '해가 지지 않는 나라'의 영광을 누렸던 영국은 전쟁 중 싱가포르를 일본에 빼앗기고, 인도양 함대가 일본 해군에게 전멸하면서 태평양과 인도양에서의 영향력을 급격히 상실했다. 또한 영국 본토를 독일군이 폭격하여 영국 내 산업은 심각한 타격을 입고 산업능력이 크게 후퇴되었다. 전쟁에 소요된 막대한 비용 역시 기울어져 가던 대영제국의 경제에 치명타를 가했다. 전쟁이 끝난 후 영국은 더 이상 제국을 지탱할 비용을 댈 수 없게 되었다. 비록 승전국이었지만 승전함으로써 얻게 된 상처는 영국을 대제국의 지위에서 끌어내리기에 충분했다.

프랑스는 독일에게 점령당했던 탓에 내부적인 혼란이 가중되었다. 독일 점령 당시 독일에 협력했던 페탱(Philippe Pétain) 원수를 비롯한 비시(Vichy) 정권에 대한 대대적인 숙청이 이루어졌고, 이 과정에서 '자유 프랑스' 운동을 이끌었던 드골 장군이 급부상하여 이후 권력을 장악하게 되었다. 프랑스 역시 더 이상 제국을 유지할 능력이 없었기 때문에 많은 식민지를 독립시켜야 했지만, 알제리와 인도차이나 반도 등지에서의 지배권은 계속 유지하려 했다. 이에 계속적인 독립운동이 벌어져 대규모 내전에 휩싸이자 프랑스 내부에서도 이 나라들을 독립시키자는 목소리가 커지게 되었다. 이후 전쟁의 장기화로 경제회복이 어려워지면서 결국 이들을 독립시키게 되는 등 프랑스 제국도 역시 몰락의 길을 걸었다.

2차 대전 당시 추축국인 독일과 이탈리아의 제국주의 역시 붕괴되었다. 독일은 나치즘의 몰락과 함께 동서분열의 시대를 맞게 되었다. 연합국은 독일의 지정학적 중요성 및 또 다른 전쟁을 일으키지 않을까 하는 우려 때문에 미국, 영국, 프랑스 연합 점령지역과 소련 점령지역으로 나누어 신탁통치를 하게 된다. 한때 전 유럽을 자기의 발밑에 놓고 소련을 패망 직전까지 몰고 갔던 나치 제국이 몰락하면서 분단이라는 비참한 결과를 낳은 것이다. 이탈리아의 경우는, 무솔리니의 파시즘 정권이 반군(反軍)에 의해 붕괴되고 이후 들어선 임시 정부가 독일에 선전포고를 하는 등 다른 추축국과는 다른 길을 걸었다. 그 덕분에 상대적으로 약한 제재를 받았지만 자체 내 제국주의를 이미 상실했다.

두 차례의 세계대전을 치르면서 군대, 경찰 등 억압적 국가기구와 경제역량이 급속도로 약화되자 대외적으로 그들은 제국주의를 더 이상 유지할 수 없었다. 또한 대내적 측면에서도 제국주의를 재생산할 수 있는 기반이 붕괴되면서, 대전 시기 동안 억압되었던 사회변혁을 원하는 민중의 목소리가 급속도로 분출했다. 즉 2차 대전 후 이들 나라에서는 제국주의를 떠받쳤던 메커니즘의 붕괴로 인해 대외적 제국주의의 와해뿐만 아니라 대내적으로도 국내정치의 격변을 겪었다.

영국에서는 1945년 7월의 총선에서 일반의 예상과 달리 애틀리(C. R. Attlee)가 이끄는 노동당이 보수당에 압승하여 노동당 단독내각이 수립되었다. 당시 영국인들은 전쟁을 야기한 사회적 모순을 극복하고 복지정책의 확대를 갈망했으나 처칠(W. Churchill)과 보수당은 이에 대해 미온적 태도를 보였다. 보수당은 새로운 사회에 대한 비전을 제시하지 못하고 처칠 개인의 인기도에만 의존함으로써 뜻밖의 참패를 당한 것이다. 애틀리 내각은 이념적으로는 점진적 사회주의를 표방하고, 대외적으로 인도의 독립을 인정하는 등 식민지 축소에 힘을 기울였다. 한편 대내적으로는 철도·은행 등 영국 주요산업의 국유화, 국민의료보험제도 창설 등 사회보장제도의 확립에 노력했다.

1945년 10월에 열린 프랑스의 총선에서는 공산당이 26%, 사회당이 25%를 차지하여 좌파가 51%에 달했다. 비록 드골을 수반으로 우파와 함께 연립내각을 구성했지만, 좌파는 전후 프랑스 정부에 적극적으로 참여하게 된다. 특히 사회당은 전쟁 전 노동자로부터 얻었던 많은 지지를 공산당에게 빼앗기고 점점 공무원, 전문직, 중간계급 그 밖의 화이트칼라 피고용인을 대변하는 정당으로 자리

매김해 갔지만 당시 국가의 정책 결정을 주도했다. 이때 취해진 공공시설·광업·은행·보험의 국유화 및 공공 경제분야에 대한 광범위한 통제, 사회보장분야의 구조적 개혁 등은 프랑스 역사상 최초의 사회주의적 개혁 정책이다.

독일의 경우 2차 대전 후 초기에는 강대한 독일의 부활이라는 위험을 방지하기 위해 영국, 프랑스, 소련과 미국이 적극적으로 국내 정치에 개입했다. 이후 냉전의 틀이 갖추어질 무렵에는 서로 독일이 반대쪽에 서지 않도록 관심의 초점이 모아졌으며, 그 결과 동·서독의 분단이 고착화되었다. 전후 독일의 윤곽은 1949년 초 베를린 봉쇄가 실패로 돌아갔음을 양측이 인지한 후에야 드러났다. 서독에서는 독일연방공화국(FRG)이, 동독에서는 독일민주공화국(GDR)이 각각 들어서게 된다. 결국 당시 독일의 정치는 외부세력의 직접적 개입으로 인해 사회의 요구를 제대로 반영하지 못한 채 강대국에 이끌려갈 수밖에 없었다.

이탈리아에서는 1946년 6월 총선에서 기독교민주당이 35%를 획득함으로써 각각 21%와 19%를 획득한 사회당, 공산당 등과 연립내각을 구성한다. 내각의 수반은 기독교민주당의 가스페리(De Gasperi)였으나 좌파의 전반적 우세로 사회주의정책을 펴게 된다. 일례로 그해 제정된 헌법 제1조에서는 "이탈리아 공화국은 노동에 기초를 두는 민주적 공화국이다"라고 규정하면서 사회국가(社會國家)의 이념에 입각하는 것을 분명히 했고, 그 외에도 많은 사회적 권리를 인정했으며 사유재산권의 사회적 기능을 강조했다.

이와 같은 사회주의 세력의 약진은 당시 세계적 규모로 진행되던 자본주의 모순에 대한 반작용에 기인한 것이라고 볼 수 있다. 자본주의 모순의 결정판이라고 할 수 있는 세계전쟁의 기간 동안, 민중들은 파시즘을 반대하는 투쟁 속에서 단련되었고 혁명역량은 크게 증가했다. 이에 각 국가의 사회주의 세력 역시 그 힘을 크게 키워나갈 수 있었던 것이다.

2차 대전의 막바지에 사회주의 세력 중 특히 공산당의 무장역량이 급격히 강화된 것에 대한 두려움이 자본주의 기득권층으로부터 흘러나왔다. 이는 대전 후에도 얼마간 계속 이어졌는데, 전후 복구작업으로 여념이 없는 유럽에서보다는 미국에서 우려의 목소리가 더 컸다. 예컨대 프랑스와 이탈리아의 레지스탕스 운동에서 공산주의자들의 지배적인 역할에 대해 미국은 일찍부터 우려해 왔고, 이는 전후 프랑스와 이탈리아에서 공산주의자의 세력이 급성장하면서 현실화되었다.[1] 특히 루즈벨트는 해방 후 프랑스에서 내전이 일어

---

1) 프랑스에서는 절반 이상의 국토가 공산당의 유격대에 의해 해방되었고, 해방 전야 전국 72개 성의 해방위원회 중에서 프랑스 공산당이 절반 이상을 차지하고 있었다. 이에 공산당의 위신은 크게 제고되어 1947년에 이르면 당원 수는 100만에 달했다. 이탈리아에서는 공산당이 이끄는 무장력이 17만에 달했으며 이를 바탕으로 북부이탈리아의 관할권이 공산당의 수중에 있었다. 이러한 강력한 무력을 바탕으로 이탈리아 공산당은 1945년 무솔리니를 체포하여 처형했으며, 그해 말에 이르면 당원은 170

날 것으로까지 예상했다고 한다.[2]

　서유럽과는 달리 동유럽에서는 제국주의를 형성, 유지시킬 만한 역량이 부족했다. 오히려 서유럽 제국주의 국가와 강대국 러시아(및 소련)의 틈바구니에서 제대로 민족국가를 건설하지 못했던 상황이 동유럽 역사의 비극을 낳았다. 예컨대 폴란드, 체코슬로바키아 그리고 헝가리는 1919년이 되어서야 비로소 독립국가가 되었지만, 이들 국가의 성립 역시 강대국 밀실외교의 산물이었기 때문에 정치적 리더십과 사회적 응집력이 극히 미약했다. 특히 정치적 리더십이 결여된 채 여러 민족들이 합쳐져 한 국가로 이루어진 상황 속에서 민족적 긴장은 피할 수 없었다. 이러한 현상은 1930년대 대규모 경기침체 이후 더욱 가속화되었다. 결국 동유럽에서는 이러한 상황 때문에 우익정권이 주도권을 장악했다.

　경제적 상황 역시 서유럽과는 다른 양상을 띠었다. 동유럽에서는 토착 자본가가 자리할 만한 토대가 좀처럼 형성되지 못한 채, 산업이 존재하는 곳에서는 모두 외국 자본이 지배적 역할을 담당했다. 예를

만으로 증가했다.

2) 루즈벨트 시대의 대외정책 및 루즈벨트 본인의 세계정세 인식은 Edward M. Bennett, *Franklin D. Roosevelt and the Search for Victory: American Soviet Relations, 1939-1945*(Wilmington, DE: SR Books, 1990); Thomas R. Maddux, *Years of Estrangement: American Relations With the Soviet Union, 1933-1941*(Gainesville: University Press of Florida, 1980)에 잘 정리되어 있다.

들어 2차 대전 전 루마니아에서는 자본의 15~20%가 토착자본가의 소유였고, 유고슬라비아와 불가리아에서 외국자본이 차지한 비중은 각각 49.5%와 42.6%였다. 1937년 기준으로 폴란드에서 외국자본이 지배했던 회사는 전체 합작회사의 63.1%에 달했다.[3]

제2차 세계대전은 가뜩이나 취약했던 사회를 철저하게 파괴시켰다. 전쟁 전 지배집단은 루마니아나 헝가리, 불가리아처럼 히틀러와 제휴하거나 체코나 폴란드 정부처럼 일종의 저항의 길을 택했다. 전자, 즉 루마니아, 불가리아, 헝가리에서는 구지배계급이 히틀러와 손을 잡았던 까닭에 민중에게서 완전히 불신을 받았으며 전쟁이 끝난 후 테러의 직접적 대상이 되어 몰락했다. 체코와 폴란드의 경우는 대전을 거치면서 지배 역량이 극도로 쇠잔해져 1945년 무렵에 들어서는 지배세력이 거의 와해되었다.

결국 2차 대전 후 동유럽에서는 과거 정치 지배층을 이루던 군부 엘리트들은 사실상 없어져 버렸다. 본래 취약했던 토착 자본가 역시 붕괴되었다. 이러한 상황 아래 동유럽에서는 2차 대전 중 파시즘에

---

3) 체코슬로바키아의 토착자본가는 동유럽에서 유일하게 건실한 산업구조를 이룩해 냈다. 전 세계적 경기침체에도 불구하고 두 차례의 세계대전 사이 체코슬로바키아의 산업은 성장을 거듭하여, 1937년에는 세계에서 세 번째로 높은 산업생산고를 기록했다. 그러나 이러한 성공은 1938년 뮌헨 협정이 체결되면서 파괴되고 말았는데, 이는 영국의 묵인하에 독일군의 탱크가 국경을 넘어왔기 때문이다. 크리스 하먼, 김형주 역, 『동유럽에서의 계급투쟁』(서울: 갈무리, 1994), 44쪽 참조.

맞서 저항운동을 했던 사회주의 세력을 중핵으로 한 새로운 정권이 속출했다. 유고슬라비아에서는 1945년 11월 선거에서 인민전선파가 총 득표수의 90%를 획득하여 대승을 거두고 체코슬로바키아는 1946년 5월 제헌의회 선거에서 공산당이 제1당이 되었다. 폴란드에서는 1946년 6월의 인민투표에서 사회공산당이 승리했고 영국의 지지를 받고 있던 런던 망명정부가 주도하던 농민당은 참패했다.

동유럽에서는 이후 소련의 원조하에 공산당이 정권을 잡아 사회주의 국가들이 탄생되었다. 하지만 진정한 사회주의를 이룩하지 못한 채 소련의 직접적인 착취의 대상으로 전락하게 된다. 적어도 스탈린 생전 동유럽에 대한 소련의 정책은 그 지역에서 되도록 많은 양의 자원을 발굴하여 소련 경제에 공급하는 것에 초점을 두었다. 그 결과 스탈린 사후 이들 나라에서는 소련의 간섭과 착취로부터 벗어나고자 하는 노력이 급증했다. 그 결과 1953년 동독 노동자 봉기, 1956년의 폴란드 및 헝가리 혁명, 1968년 체코의 '프라하의 봄' 등의 사건이 일어난다.

그러나 1945년 파시즘으로부터의 해방 시점의 동유럽 정세를 감안할 때, 이 지역에서의 사회주의 세력의 현저한 진출이 단지 소련 팽창정책의 결과라고만 단정하기는 어렵다. 통계를 보면 이 당시 세계의 정치적 세력균형은 전반적으로 좌편향을 이루고 있었다. 각국 사회주의 세력의 역량과 영향도 모두 증대되었다. 예컨대 전쟁 전 자본주의 국가의 공산당원은 78만 5,000명이었다. 전후

자본주의 국가 수는 줄었지만 당원은 급증하여 500만이 되었다. 1947년 사회주의 국가와 자본주의 국가를 아우르는 전 세계 공산당원은 2,000만 명에 달했다.4)

2. 서유럽 진영의 위기와 트루먼 독트린

이미 1947년부터 미국의 대외정책은 '경제원조' 중심에서 '군사원조' 중심으로 전환되고 있었다. 1946년 겨울과 1947년 봄 유럽에서는 흉작으로 말미암아 기아와 인플레이션이 횡행했다. 이로 인해 미국의 상품시장은 축소될 수밖에 없었다. 더욱이 좌익세력의 진출도 현저하여 세계의 자본주의 리더십을 기도했던 미국의 낙관적인 '부흥원조(復興援助)' 정책은 파탄을 초래했다. 미국 내에서는 전후 최초의 공황이 시작되고 1946년 11월에는 대규모 총봉기가 일어났다. 이 시기는 전후 서방진영에 있어서 최대 위기라고 할 수 있다.

당시 동유럽의 상황을 보면, 1946년 7월 헝가리 정부에서 소지주당이 추방되었다. 같은 해 10월에는 불가리아, 12월에는 루마니아, 다음 해 1월에는 폴란드의 사회주의당과 공산당이 총선거에서 승리를 거두었다. 이러한 일련의 정치적 변혁을 거치면서 이 지역에서는

---

4) 전쟁 전 공산당원의 수 78만 5,000명은 1935년 코민테른 제7차 대회의 통계 수치이다. 연변대학 통신학부, 『국제공산주의 운동사(하)』(길림성: 연변대학출판부, 1984), 539쪽 참조.

체코슬로바키아를 제외한 모든 국가에서 친 소련적인 사회주의체제가 들어서게 되었다.

서유럽에서는 1946년 10월 이탈리아에서 사회주의자와 공산주의자 간의 통일전선이 수립되었다. 11월 프랑스에서는 공산당이 총선에서 제1당을 확보했다. 다음 해인 1947년 1월 영국의 철도노조가 오랜 진통 끝에 출범하게 된다. 특히 당시 식량과 파운드화의 위기에서 허덕이던 영국은 더 이상 그리스 점령과 터키 원조를 제대로 수행할 수 없었다. 그 결과 과거 처칠이 '아테네의 영광스러운 자유'라고 자랑해 마지않던 발칸에서의 최후의 거점인 그리스를 포기할 수밖에 없는 위기를 맞는다.

전후 이러한 새로운 형세에 대해 유럽의 구제국주의 국가들은 적극적으로 대응하기 시작했다. 당시 빠른 속도로 신장되고 있던 사회주의 세력을 봉쇄하고자 하는 시도는 아직 '대영제국'의 환상에 사로잡혀 있던 영국이 주도하고 나섰다. 일례로 영국군 점령하의 그리스에서는 영국이 전시저항세력인 민족해방전선을 배제하고 영국 내에서 활동하던 망명정부를 적극적으로 지지했다.[5]

민족해방전선은 1944년 10월 독일군이 철수할 때 150만 내지 200만 명의 회원을 가지고 전 국토의 4분의 3에 해당하는 해방구[6]

---

5) 2차 대전 기간 동안 영국이 취한 그리스 관련 정책은 Procopis Papastratis, *British Policy Towards Greece During the Second World War, 1941-1944*(New Haven: Yale University Press, 1984)에 자세히 서술되어 있다.

를 통치하며 각 지방에 자치정부를 세우고 있었다. 각 해방구는 안보, 학교, 교회, 식량, 사회보장, 통제 등 여러 위원회를 구성했다. 마을위원회의 선거는 18세 이상 남녀 모두에게 투표권을 부여했다. 민족해방전선은 이미 독일군이 후퇴하기 시작한 1944년 4월 자유그리스와 점령지역을 포함한 전국에서 국회의원 250명을 선출했고, 그해 여름에는 정부기구를 구성했다. 이 정부는 사법부, 행정부, 군대 및 전국을 대표하는 입법부를 갖추었다.

영국은 이제 막 독일에서 해방된 그리스를 점령하고 친영(親英) 정부를 세울 목적으로 민족해방전선을 공격했다. 1944년 10월 12일 독일군이 아테네에서 철수한 다음날 영국군 낙하산 부대가 도착했다. 영국의 도움으로 세워졌던 카이로의 망명정부는 며칠 뒤인 10월 18일 아테네로 돌아왔다. 이때 이미 그리스의 모든 중요한 결정은 영국의 거부권 심사를 통과해야 했으며, 영국 당국은 민족해방전선의 무장해제를 위해 부단한 노력을 기울여 10월 26일 "민족해방군 등 모든 자율적 군사단체의 해산"에 합의한다. 그러나 내부의 반발로 민족해방전선이 쉽사리 해산을 받아들이지 않자 당시 영국군 사령관 스코비(Scobie) 대장은 12월 10일까지 해산할 것을 명령했다.

이러한 상황에서 1944년 12월 3일 총파업을 위한 군중대회에서

---

6) 여기서 해방구란 '억압적인 국내 지배세력 및 그들과 결탁한 제국주의 지배에서 민중을 해방시키기 위해 설치된 혁명근거지로서 정부 지배에서 해방된 지구'를 이른다.

시위진압에서 벌어진 총격을 계기로 점령당국과 민족해방전선 간의 전면전이 발발한다. 영국의 수상 처칠은 12월 5일 스코비 대장에게 다음과 같이 명령했다. "아테네로 접근하는 민족해방군을 파괴하는 책임은 당신에게 있다. …… 당신은 지역적 반란이 진행되는 정복된 도시에 있는 것처럼 행동하라. …… 우리는 아테네를 장악하고 지배해야 한다. 피를 흘리지 않고 그럴 수 있으면 다행이고, 필요하다면 피를 흘려서라도 그렇게 해야 한다."7) 그러나 당시 영국의 상황에서는 가뜩이나 부족한 병력을 그리스에 대규모로 투입할 수 없었기 때문에 군사적 해결보다는 정치적 해결을 택했다. 민족해방전선에 대한 소련의 영향력을 이용하여 휴전을 성립시켰는데, 이는 스탈린과 처칠의 정치적 타협의 결과라 하겠다.8)

---

7) 송광성, 「그리스 민족해방전쟁, 1941-1947」, ≪세계정치경제≫ 제7호 (1999), 87~91쪽.

8) 1944년 당시 처칠과 스탈린이 나누었던 다음 대화 내용에 주목하자. "나(처칠)는 입을 열었다. '우리, 발칸반도에 관한 문제를 해결하도록 합시다. 우리는 그곳에 이해관계가 있고, 공관도 그곳에 있습니다. 우리 서로는 비열한 행동으로 상대방의 오해를 사는 일이 없도록 해야겠습니다. 러시아와 영국 양국은 이렇게 정하면 어떻겠습니까? 여기 루마니아는 러시아가 90%, 우리는 그리스의 90%, 그리고 유고슬라비아는 50대 50의 통치권을 가지자는 제안에 대해 어떻게 생각하십니까?' 내 말이 통역되는 동안, 나는 그것을 종이쪽지에 적어 내려갔다.
'• 루마니아: 러시아 90%, 기타국 10% • 그리스: 영국 90%, 러시아 10% • 유고슬라비아: 50% - 50% • 불가리아: 러시아 75%, 기타국 25%'.

그 후 1946년 3월 영국 외상 베빈(E. Bevin)에 의해 실시된 총선에서 민족해방전선은 불참하고 망명정부가 주도하는 국민당이 대승을 거두었다. 그러나 투표율은 지극히 저조하여 기권율이 47%에 달했다. 이때 성립된 정권은 민족해방전선 측에 정치적·물리적 탄압을 가하고 그해 9월의 국민투표에서 조지 2세의 복위에 성공하게 된다.9) 이를 두고 처칠은 "단 하나의 아테네만이 불멸의 영광과 함께 장래를 결정하는 자유를 얻었다"라고 찬양했다. 그러나 영국의 그리스 민족주의 세력에 대한 폭력적 탄압이 계속되자 다시금 전쟁이 일어나, 1946년 12월에는 바피아데스(M. Vafiades)를 총사령관으로 하는 그리스민주군(Democratic Army of Greece)이 창설되어 영국군 및 그리스정부군과 격렬한 전투를 벌였다.

1947년 초 영국의 지원을 받고 있던 그리스 정부는 정치·경제·군사의

나는 그 쪽지를 통역을 듣고 있는 스탈린에게 건네주었다. 잠깐 침묵이 흘렀다. 그는 연필을 들어 그 위에 커다란 꺽쇠 표시를 한 다음, 그 쪽지를 우리에게 돌려주었다. 모든 문제가 해결되기까지는 쪽지를 적는 시간만큼도 걸리지 않았던 것이다." Winston Churchill, *The Second World War*(London, 1954), Vol. VI, p. 198. 크리스 하먼, 『동유럽에서의 계급투쟁』, 39~40쪽에서 재인용.

9) 당시의 전반적인 그리스의 정치상황에 대해서는 Haris Vlavianos, *Greece, 1941-1949: From Resistance to Civil War*(New York: Macmillan, 1992) 및 John O. Iatrides and Linda Wigley(eds.), *Greece at the Crossroads: The Civil War and Its Legacy*(University Park: Pennsylvania University Press, 1995) 참조.

모든 부문에서 점차적으로 통제력을 상실하고 있었다. 더욱이 영국 자체의 경제상황도 매우 심각했다. 미국에 대한 채무 상환일이 만기가 되고 석탄의 부족은 비참할 정도였다. 또한 그해 2월의 전례가 없는 폭설 때문에 영국 산업의 절반 이상이 가동되지 못했다. 마침내 1947년 2월 15일 영국 외상 베빈은 '영국 군대는 그리스에서 철수하겠으며 이를 3월 1일까지 완료할 것'이라고 발표했다.[10]

1947년 3월 1일 영국군의 그리스 철수는 단지 영국의 후퇴를 의미할 뿐 제국주의 자체의 종결을 의미하는 것은 아니었다. 영국은 그리스 문제를 미국에게 넘겼다. 트루먼(H. Truman)은 며칠 뒤 전 세계에 영국이 더 이상 그리스에서 공산주의자들과 대항하여 싸울 수 없으므로 미국이 이 책임을 대신할 것임을 선포했다.[11] 즉 그리스

---

10) 송광성, 「그리스 민족해방전쟁, 1941-1947」, 95~99쪽.

11) 2차 대전 후 미국과 영국이 언제나 협력적 관계만을 보여주었던 것은 아니다. 예컨대 미국의 세계정책은 중동의 석유 이권을 둘러싸고 영국과 대립했다. 이란, 이라크, 사우디아라비아 등지에서 산출되는 석유는 과거 영국과 미국 양국의 거대 자본에 의해 독자적으로 개발 및 경영되고 있었으나 이 시기 미국 국내유전이 급격히 고갈되자 미국은 중동석유개발에 본격적으로 뛰어들었다. 이미 1941년 3월 이후 미국은 이 지역에 무기대여법을 적용시켜 경제원조를 제공하면서 그 관심의 수위를 높여왔다. 한편 달러의 부족으로 고심하고 있던 영국은 달러지배지역으로부터의 석유수입을 감소시키기 위한 일환으로 아직 달러의 지배가 미흡했던 중동지역의 석유개발에 보다 적극적이었다. 이렇게 해서 석유자원 및 석유시장을 둘러싼 미국과 영국의 대립은 중동지방에서 점차 첨예화되었다.

문제로 대변되는 유럽의 난관 봉착 상황에서 미국의 트루먼 대통령
은 1947년 3월 12일 상·하 양원 합동위원회에서 다음과 같은 내용의
연설을 한다.[12]

우리는 직간접의 침략에 의해 자유 국민들에게 강요된 전체주의
가 국제평화를 위협하고 나아가서는 미국의 안전을 전복하려는
데까지 이르렀다는 것을 솔직하게 인정하지 않을 수 없다. 무장한
저항단체 혹은 외부로부터의 압력에 의한 예속에 항거하며 투쟁하
는 자유 국민을 지지하는 것은 미국의 정책이 되지 않을 수 없다.

이어서 트루먼은 그리스가 민주국가로 살아남기 위해서 미국의
도움이 절대적으로 필요함을 강조한다. 또한 그리스가 공산주의자
의 손에 넘어가면 이웃나라도 잇따라 넘어질 것이라고 하면서 미국
의회에 2억 5,000만 달러의 그리스 원조 안을 요청했다. 그리고
트루먼은 터키에도 1억 5,000만 달러를 원조하자고 제안한다. 일찍
이 2차 대전 중 터키가 독일 군함이 다르다넬스 해협을 통과하여
흑해로 들어가도록 허락한 데 경악하여, 소련은 다르다넬스 해협이
소련의 안보에 매우 중요하다고 간주했다. 얄타 회담에서 스탈린은
소련이 더 이상 "터키가 소련의 목에 손을 대는 상황을 용납할

---

12) 연설의 내용을 미리 알고 있던 미국 언론은 그 중요성을 파악, 과거의
　　먼로 독트린에 비유해 1947년 3월 12일의 연설을 트루먼 독트린(Truman
　　Doctrine)으로 표현했다.

수 없다"라고 말하여 다르다넬스 해협의 관리권을 주장했다.

그러나 터키는 이를 거부했다. 이에 소련이 무력행사를 언급하는 등 대전 후 다르다넬스 해협 문제를 둘러싼 긴장이 고조되었다. 미국은 소련이 다르다넬스 해협 문제를 이용해 터키를 소련에 복속하려 한다고 생각했다. 따라서 그동안 영국 정부가 제공해 오던 터키 정부에 대한 여러 가지 지원도 역시 미국이 떠맡았다.[13]

바로 이러한 미국의 정책이 트루먼 독트린으로 구체화된 것이다. 트루먼 독트린에서는 소련이나 공산주의라는 용어를 구체적으로 명시하지는 않았지만 그 정책 목표는 명확했다. 당시 워싱턴에서도 파악하고 있었듯이 실제 그리스 공산주의자들이 주도하는 전면 전쟁을 가로막은 인물은 다름 아닌 스탈린이었다. 그는 일찍이 동유럽에 대한 소련의 통치권을 인정받는 대신 그리스에 대한 영국의 영향력을 인정했으며, 실제로도 이러한 약속을 어기지 않고 있었다.[14] 결국 그리스에서의 민족해방투쟁은 소련의 지원은커녕 오히려 소련의 억압 아래 진행되었다. 그러므로 트루먼 독트린의 발표 직후 소련은 거센 반발을 할 수밖에 없었다.[15]

---

13) 영국의 외상 베빈은 1947년 2월 터키에 대한 군사적·경제적 지원 역시 종료하고 미국에 배턴을 넘겼다. 존 루이스 개디스, 박건영 옮김, 『새로 쓰는 냉전의 역사』(서울: 사회평론, 2002), 85~87쪽 참조.

14) 30쪽 각주 8) 참조.

15) 그러나 다음의 대화내용을 주목하자. 1947년 4월 9일 스탈린은 미

바로 그 다음날 소련연방정부의 기관지 《이즈베스차(Izvestia)》
는 이에 응수하여 그리스 및 기타 지역에서 보이고 있는 사태에
대한 책임이 반동정부와 점령군에 의한 정치체제 그 자체에 있음을
밝혔다. 또한 그들이 취한 정책의 결과는 명확한 파탄이라고 말하면
서 전체주의 운운은 단지 미국 내정간섭의 구실에 불과한 것이라고
반격했다. 트루먼 독트린과 소련의 대응은 이런 식으로 점차 냉전의
울타리를 만들어간 것이다.

한편 트루먼 독트린은 미국 내 일부에서도 심한 반발을 야기한다.
그리스와 터키에 대한 원조의 목적은 지중해를 핵으로 소련 심장부
를 겨냥한 다분히 군사적 고려가 중심이기 때문에 우려의 목소리가
높았다. 미 상원의원 몇 명은 이러한 조치가 세계의 다른 지역에서
소련으로부터의 군사적 간섭을 초래할 것이며 또한 이는 국제연합
을 무시한 처사라고 반대했다. 또한 독트린의 결과 국제연합과 세계
평화가 위협에 처해질 수 있으며 미국은 예기치 못할 책임을 질
수 있음을 경고했다. 그러나 미국 정계에서의 이러한 반발은 곧
불어 닥칠 검열의 포악함에 고개를 숙일 수밖에 없었다. 즉 트루먼

공화당 상원의원인 스타센(H. Stassen)과의 회견에서 "양 체제의 공존은
가능한 것인가?"라는 질문을 받고 다음과 같이 답했다. "전시에 있어서도
공존했다. 그렇다면 평화 시에 공존하지 못할 이유는 어디에 있겠는가?
요는 선의의 문제이다." 즉 이 당시 소련의 스탈린은 아직까지는 미국과의
화해를 바라고 또한 이를 기대하고 있었다.

독트린이 선언된 며칠 후 공산주의자를 관계(官界)에서 제외시킨다는 발표와 함께 미국 내에서도 반공을 간판으로 한 비민주적 경향이 급속도로 진전된 것이다.

미국은 트루먼 독트린 발표 이전까지 세력 판도에 대한 공식적인 관계 설정을 피하려고 했다. 그들은 그러한 공식적 행동이 없다면 우월한 경제력으로 세계정세를 자국에 유리하게 이끌 수 있다고 판단했기 때문이다. 하지만 당시 몰아친 사회주의 세력의 대약진으로 인해 미국은 종래의 노선에서 이탈하게 된다. 사적 기업과 자유무역을 금지하는 사회주의체제의 전 지구적 확산은 미국의 국가 이익에 정면으로 배치되는 것으로, 미국은 이를 좌시할 수 없었던 것이다.

소련이라는 사회주의체제의 모국과 인접한 그리스와 터키에 대한 천문학적인 액수의 지원은 결국 미국의 의도를 명백하게 드러낸 것이다. 미국은 이후 자신의 제국주의 정책을 보다 적나라하게 추진하면서 당시 각지에서 분출되던 사회변혁을 위한 시도가 미국의 이해관계에 어긋날 경우에는 이를 하나하나 진압해 나갔다.

3. 미국 세계정책의 변화와 대소봉쇄정책

제2차 세계대전의 귀추(歸趨)가 미국 세계지배의 분수령이었다. "앵글로 - 색슨이 세계를 지배할 것인가? 아니면 정복당할 것인가?" 이는 2차 대전의 종전을 앞둔 시기 미국에서 자주 등장했던 질문인데,

이와 같은 표현은 당시 전쟁에 대한 미국 지배층의 견해를 단적으로 대변한 것이다.[16]

전쟁 중 유일하게 부를 축적한 나라가 미국이다. 미국의 전시 군수품 생산은 당시 미국 이외의 우방국과 파시스트 국가의 총생산 규모와 맞먹는 규모였다. 전쟁 종결 이후의 미국의 국부 규모는 여타 국가들을 큰 차이로 앞서 갔다. 이는 전쟁의 와중에 경쟁 국가들의 공업생산 능력이 감소되었기 때문이기도 하지만 그보다는 미국이 전쟁을 이용해 생산능력을 배가시킨 요인이 더 크게 작용했다. 전쟁이 끝난 상황에서 구체적인 미국의 경제 규모를 보면 1948년 기준으로 전 세계 자본주의 국가 공업생산의 53.9%, 금 보유량은 245억 6,000달러(전 세계 금 보유량의 74%)를 점유했다. 두 차례의

---

16) 월리스 역시 2차 대전의 종전을 앞두고 다음과 같은 예견을 한다. "이 세계에서 영어를 모국어로 사용하는 국민들이 다가올 세대를 위해 세계 번영을 일괄 인수하는 데 앞장서야 할 것이다." 또한 2차 대전 중 해군성 장관이었던 녹스(F. Knox)는 추축국(樞軸國)들을 분쇄한 미국과 영국이 "7대양의 치안을 맡아야 한다"라고 선언했다. '철의 장막'을 얘기했던 처칠의 연설도 같은 맥락의 내용이 있다. "영어로 말하는 민족들이 손발과 같이 연합해야 효과적으로 전쟁을 방지하고 세계조직을 계속 발전시킬 수 있다." Richard J. Barnet, *Intervention and Revolution: America's Confrontation with Insurgent Movements Around the World*(New American Library, 1972), 홍성후 역, 『미국의 대외정책과 제3세계』(서울: 형성사, 1981), 115쪽 참조.

세계대전을 겪으면서 상품과 자본수출에서 미국은 다른 유럽 자본주의 국가를 추월했으며 현재까지 부동의 1위 자리를 고수하고 있다.

예컨대 영국과 프랑스는 전쟁 전 미국과 어깨를 겨루었으나 대전을 거치면서 뒤쳐진 미국과의 경제력 차이를 이후 끝내 회복하지 못했다. 영국은 전쟁 전 국민총생산의 4분의 1의 손실을 보았으며, 1945년 기준으로 공업생산은 전쟁 전과 비교하여 25% 감소했다. 영국의 금 보유량은 1937년에 41억 4,000만 달러였던 것이 1948년에 와서는 16억 1,000만 달러로 떨어졌다. 프랑스는 영국보다 전쟁의 피해가 더 컸다. 1945년 기준으로 공업생산은 전쟁 전의 40%에 그쳤으며, 금 보유량은 1937년 27억 5,000만 달러였으나 1947년에는 겨우 5억 5,000만 달러밖에 되지 않았다.

2차 대전 중 파시즘과 맞서는 민주주의의 병기창 역할을 담당했던 미국은 1943년 기준으로 전쟁 전보다 219%나 생산능력을 제고시켰다. 그리고 이 과정에서 자본의 독점과 집중이 심화되었다. 자본금 10억 달러 이상의 거대 기업은 1914년 7개였던 것이 전쟁 기간 및 전쟁 복구기인 1943년에는 32개, 1945년에는 58개, 그리고 1950년에는 250개로 비약적으로 증가하여 전 미국 주식 총자본의 42%와 전 공업 생산력의 70%를 점유하게 되었다.[17]

---

17) 같은 맥락으로 1947년 미국 연방 무역위원회의 한 조사에 의하면 135개

이 당시 미국 재계를 지배한 대재벌은 록펠러(Rockefeller), 모건 (Morgan), 듀퐁(Du Pont), 쿤롭(Kuhn Loeb), 멜런(Mellon) 등이다. 그런데 이들의 사업확장 내용을 살펴보면 상당부분 군인 및 정치가와 직 · 간접의 연계를 가지고 추진된 것을 알 수 있다. 특히 록펠러계는 아이젠하워(D. D. Eisenhower), 맥클로이(J. T. McCloy), 덜레스(J. F. Dulles) 등과 모건계는 마셜(G. C. Marshall), 애치슨(D. Acheson), 클레이(L. Clay) 등을 매개로 크게 성장했다. 구체적으로 전시 미국 정부의 20조 달러에 달하는 군수품 발주는 그 3분의 1이 이들 재벌계 기업에 위임되었고 그중에서도 듀퐁계의 GMC, 모건계의 유에스스틸(US Steal), 멜론계의 웨스팅하우스(Westinghous), 록펠러계의 스탠더드오 일(Standard-Oil) 등이 대표적 수혜자였다.

독점자본의 강화와 더불어 공화당 및 민주당 양당 보수세력의 위상 역시 증대되었다. 특히 이들 중 록펠러 재벌의 이사이자 공화당 상원의원인 덜레스의 행보에 주목할 필요가 있다. 그는 이 시기 양당외교의 주역으로서 같은 공화당 의원인 반덴버그(A. Vandenberg) 와 함께 전후 세계에서의 미국의 지도력 확대를 주창했다. 전쟁을 택할 것인가, 평화를 택할 것인가의 사이에서 그는 평화유지 방식이

의 기업, 즉 전체의 0.5%에 해당하는 기업들이 전체 총자본 가운데 45%를 지배했다고 한다. Maurice H. Dobb, *Capitalism: Yesterday and Today*(New York, Monthly Review Press, 1962), 김부리 옮김, 『자본주의란 무엇인가』(서 울: 한울, 1983), 61쪽 참조.

라고 할 수 있는 루즈벨트로부터 트루먼으로 이양된 대소(對蘇) 협조 정책을 공격하고, 얄타 및 포츠담 방식을 대소 유화정책이라고 비난했다. 당시 덜레스로 대표되는 이러한 반소(反蘇) 움직임에 편승하여 민주당 내에서도 미국 남부 보수세력의 지지를 받았던 트루먼 대통령은 정부 내의 뉴딜 정책을 계속 추진하면서도 다른 한편으로 덜레스, 해리먼(W. A. Harriman), 애치슨 등을 정부 요직에 앉히면서 일련의 친보수적 정책을 취하게 된다.

트루먼 대통령 시정 초기 미국의 경제력은 여타 국가에 비해 압도적인 우위에 있었다. 따라서 트루먼은 전쟁 후 세계에 용이하게 리더십을 확립할 수 있다는 자신감이 있었다. 그러나 전쟁 기간 동안 비대해진 미국의 산업규모는 헤리먼 상무장관이 지적한 것처럼 전후 해외시장을 확대하지 않고서는 현재의 생산수준을 유지하는 것이 불가능했다. 특히 유럽에 대해 수입 대비 수출의 급속한 증가가 엄청난 양의 무역수지 흑자를 낳고 있는 것이 문제였다. 계속되는 무역수지 적자로 인해 구매력을 상실해 가고 있는 당시의 유럽은 이제 미국의 정책입안자들에게 심각한 우려를 불러일으키고 있었다.18)

---

18) 2차 대전 이후 미국은 전전(戰前)과는 비교할 수 없을 정도의 상품과 용역의 수출국이 되었다. 수입에 비해 수출의 급속한 증가는 엄청난 양의 무역수지 흑자를 낳았다. 예컨대 1946년 분기별 평균 수출 총액은 153억 달러인데, 수입은 그 절반도 안 되는 72억 달러였다. 1047년 2/4분

유럽경제의 회복 및 세계시장의 확대가 이루어지지 않고는 미국 경제의 침체가 불가피하다고 판단한 워싱턴은 보다 적극적으로 대외 차관의 공여 및 투자를 추진하게 된다. 예를 들어 지불수단을 갖지 못한 유럽에의 상품수출은 경제적 원조명목으로 다양한 차관 및 투자형태를 취하게 되었다. 애초에 이러한 차관 및 투자는 동서양 양 진영에 차이를 두지 않기로 되어 있었으나 현실에서는 사뭇 다르게 전개되었다. 경제원조의 측면에서 세계정치경제의 리더십 확보를 겨냥하는 '끈(tag)을 붙인 원조'는 곧 소련과 동유럽 국가로부터 강한 비판을 받게 되었다.

이와 함께 세계정세가 미국이 예상했던 방향과는 다르게 발전하면서 해외시장이 점차 협소해지기 시작했다. 그 결과 1946년 중반부터 미국 경기는 침체된다. 더욱이 소련의 부흥이 예상 외로 빨라지고 동유럽과 프랑스, 이탈리아 등지에서 사회주의 세력이 급진전하여 미국의 정책결정자들이 당혹스러움을 느끼기에 충분했다. 결국 과거의 낙관론은 꼬리를 감추고 예상되는 경제공황을 피하고 상실한

기 수출은 210억 달러로 크게 증가했는데, 이는 1936~1938년 평균이 41억 달러였던 것에 비해 무료 5배 이상 증가한 수치이다. 그러나 전반적인 수출의 급증에도 불구하고, 수출잉여에서 유럽이 차지하는 비중을 보면 1946년에는 64%에서 1947년 2/4분기에는 50%로 떨어졌다. 이는 당시 유럽의 구매력이 상당히 낮은 수준이었던 것에 주요 원인이 있다. 김정배, 『미국과 냉전의 기원: 공존과 지배의 전략』(서울: 혜안, 2001), 123쪽 참조.

해외시장을 복원하기 위한 새로운 외교정책의 전환을 모색하는 와중에 케넌(G. Kennan)의 '대소봉쇄정책'이 제시되었다.

1946년 2월 22일 당시 국무부 기획실 소속이었던 케넌은 모스크바에서 워싱턴으로 8,000단어에 달하는 긴 전문을 보냈다. '긴 전문(long telegram)'으로 불리게 된 이 문건은 즉각 정부 고위 정책집단 전반에서 엄청난 반향을 불러일으키게 되었다. 이 글은 얼마 뒤에 다시 다듬어져 ≪포린어페어즈≫(Foreign Affairs)에 기재되었다. 'X논문'으로 알려진 이 글에서 케넌은 그가 '봉쇄'라고 이름 붙인 바람직한 대소외교를 이렇게 정리했다.[19]

미국은 당분간 소련과 긴밀한 관계를 기대할 수 없다. 미국은 소련을 파트너가 아닌 경쟁자로 보아야 한다. 소련은 평화와 안정을 존중하지 않을 것이다. 또 사회주의와 자본주의가 영구히 행복하게 공존할 수 있다고 결코 믿지 않는다. 소련은 모든 경쟁국가를 혼란에 빠뜨리고 그 영향력을 약화시키기 위해 신중하고 집요하게 노력

---

19) 당시 케넌의 정세판단에 대해서는 특히 그의 저서 및 자서전 참조. George E. Kennan, *American Diplomacy*(Chicago and London: The University of Chicago Press, Expanded Edition, 1951) 및 George E. Kennan, *Memoirs: 1925-1950*(Boston: Atlantic Little, Brown, 1967). 그의 X논문은 X[George E. Kennan], "The Sources of Soviet Conduct," *Foreign Affairs*, Vol. 25, No. 4(July 1947), pp. 566~582 참조. 이 논문은 다시 George E. Kennan, *American Diplomacy*에 실려 있다.

할 것이다. 다행히 소련은 아직 서방에 비해 훨씬 약한 위치에 있다. …… 소련 사회는 자신의 모든 잠재력을 약화시킬 결점들을 갖고 있다. 그러므로 미국은 소련이 평화롭고 안정된 세계의 이익을 침해할 기미를 보이는 모든 지역에서 자신감을 갖고 불굴의 군사력으로 소련에 대결하는 확고부동한 봉쇄정책을 추진할 수 있다.[20]

케넌의 글은 국무장관인 번스(J. M. Byrnes)의 주목을 끌게 되었고 얼마 되지 않은 1947년 마셜은 그를 국무성 정책위원장으로 발탁하게 된다. 이후 대소봉쇄정책은 미국 외교의 기조가 되고 냉전의 전략이론으로 정립되었다.

케넌의 글이 이토록 커다란 반향을 일으킨 이유는 무엇보다 당시 워싱턴의 대소련관을 누구보다 잘 구체화했기 때문이다. 우선 케넌의 봉쇄이론은 미국 정부가 소련과의 건설적인 타협의 가능성을 배제하고 있던 상황을 반영하고 있다. 워싱턴의 정책결정자들이 보기에 소련은 그 체제의 속성상 비합리적이고 팽창주의적인 성격을 띨 수밖에 없고, 따라서 소련과의 건설적 대화는 즉각 중단되어야 했다. 또한 소련에 대한 봉쇄는 세계 전체에 보편적으로 적용되어야 했고, 이를 위해 세계 전체에 대한 보편적이고 무차별적인 개입주의가 정당화되었다. 평화 시에는 유럽에 개입하지 않던 전통적인 정책

---

20) Gergoe E. Kennan, American Diplomacy, p. 126에 실려 있다. 이삼성, 『세계와 미국』(서울: 한길사, 2001), 219쪽에서 재인용.

을 폐기하고, 평화 시에도 미국이 유럽과 아시아 등에 장기적으로
개입해야 한다는 보편주의적 관점을 논리적으로 뒷받침한 것이었
다.[21]

슈먼(F. Schurmann)에 따르면, 케넌의 '긴 전문'이 미국 정부에서
열광적인 반응을 받은 것은 그 문건들 자체가 보여준 "분석적 탁월
함" 때문만은 아니었다. "워싱턴에 이미 존재하고 있던 이데올로기
적 필요에 호응했기 때문"이었다. 당시 소련이 케넌이 분석한 대로
실제로 팽창주의적이었느냐의 여부는 미국 내 봉쇄정책 흐름의
등장에 결정적 중요성을 갖는 것은 아니었다. "백악관 주변을 장악하
고 있던 점증하는 국가안보 관료체들이 이미 발전시키고 있던 정책
에 걸맞은 세계관이 필요했다"리는 사실이 보다 중요했다.[22]

예컨대 트루먼 독트린이나 케넌의 '긴 전문' 이전에도 워싱턴
정가의 기류는 이미 양 진영 간의 대결을 기정사실화하고 있었다.
이러한 사실은 1946년 9월 3일 서독 국립극장에서 행한 미 국무장관
번스의 연설에서 소급하여 확인할 수 있다. 여기서 그는 서독에
대한 미국의 새로운 정책을 발표했는데, 그 가운데 다음 세 가지
발언이 세계의 주목을 끌었다. 첫째, 오데르나이세(Oder-Neisse) 강의

---

21) 이삼성, 『세계와 미국』, 220~221쪽.

22) Frantz Schurmann, *The Logic of World Power: An Inquiry into the Origins,
Currents, and Contradictions of World Politics*(New York: Pantheon Books,
1974), p. 92. 이삼성, 『세계와 미국』, 221쪽에서 재인용.

동쪽인 구독일 영토는 폴란드 귀속이 아직 결정되지 않았다. 둘째, 루르(Ruhr) 지방의 국제관리에 소련의 참가를 거부한다. 셋째, 소련에 대한 현물배상을 반대한다.

소련은 번스의 연설내용을 반박하면서 이는 얄타 및 포츠담 협정에 위반되는 행위라고 맹렬히 비난했으나, 번스는 이 성명의 결과 베를린까지 확대를 기도했던 소련의 세력범위가 폴란드 관리지역으로 후퇴했다고 하면서 독일지역에 미치는 효과를 공공연히 자랑했다. 그러나 이 연설은 번스가 예상하지 못한 미국 내부에서의 파문을 일으켰다. 같은 해 9월 2일 미국 상무장관 월리스(H. A. Wallace)는 뉴욕에서 행한 연설에서 번스 외교를 공격하고 소련에 대한 지나친 호전적 행태를 비난하면서 오히려 소련과의 협조를 강조했다.

여기에 더해 당시 미국 신문에서는 일찍이 월리스의 연설을 트루먼 대통령이 완전히 승인했다는 기사가 흘러나왔고, 파리에 있던 번스는 기자들에게 둘러싸여 그의 연설이 신정책으로의 전환을 뜻하는가에 대한 질의에 대답하느라 여념이 없었다.

상황이 급박하게 전개되는 외중에 공화당 의원인 반덴버그와 코널리(T. Connally)는 번스를 적극적으로 지지하고 처칠 역시 진심으로 이에 동의했다. 이렇게 되자 번스는 트루먼에게 상무장관이 외교문제에 개입하는 정부에서는 더 이상 머물러 있을 수 없다고 하면서 파리에서 사표를 발신한다. 그러나 결국 사직으로까지 몰리게 된 것은 상무장관 월리스였다.[23] 그리고 이를 기점으로 미국 내부에서

도 수십 년 동안 이어져 온 뉴딜 정책이 종말을 고하게 되며, 같은
해 11월 중간선거에서 공화당이 승리하자 트루먼 정부는 '우선회'를
완료하게 된다.

이제 워싱턴의 우선회에 거스르는 자들은 점차 세력을 잃어갔으
며, 소련과의 화해를 지지하던 자유주의자들은 정계에서 축출되었
다. 결국 2차 대전 후 세계에서 트루먼 행정부가 이끄는 미국은
영국과 소련 사이에서 중립을 취할 것이란 예상을 뒤엎고 영국과
함께 일방적으로 소련을 몰아 부치며 과거의 공동 결정사항을 파기
해 나간 것이다.

후에 평론가 리프먼(W. Lippman)은 이렇게 시작된 양 진영 간의
갈등을 냉전이라고 명명했다.[24] 당시 소련의 스탈린은 여전히 미

---

23) 이삼성, 『세계와 미국』, 221쪽 참조. 루즈벨트 시기에 부통령을 역임하기
도 한 월리스는 1948년 미국 진보당의 대통령후보로 나섰다가 고배를
마셨다. 월리스는 미국 내에서 적색 공포증을 지니지 않은 몇 안 되는
사람 중 한 명으로서, 루즈벨트의 뉴딜 정책을 고수하고 있었다. 그는
트루먼의 마셜 플랜을 유럽의 재건이라는 미명하에 유럽에 대한 미국의
경제적 제국주의를 이식시키려는 것이라고 비난하며 반대입장을 표명했
으며, 유럽 국가에 대한 지원은 이념을 떠나 모든 국가에게 행해져야
한다고 주장했다.

24) 리프먼은 케넌이 익명으로 대소봉쇄전략을 제시한 논문을 비판하기
위해 *New York Herald Tribune*에 12회에 걸쳐 연재된 글들을 단행본으로
묶어 내면서 그 책의 제목을 '냉전(The Cold War)'으로 정했다. Walter
Lippman, *The Cold War: A Study in U.S. Foreign Policy*(New York: Harper

· 소 경제교류의 필요성을 강조하고 있었지만 미국의 대소 협조정책
은 이제 일방적으로 종지부를 찍은 것이다. 1947년 3월 모스크바
외상회의의 결렬과 함께 얄타 및 포츠담 방식은 미국에 의해 명시적
으로 파기되고, 전후 발족한 유엔을 위시한 다양한 국제기구는 이후
전 세계적인 협조의 원칙에서 벗어나 냉전의 논리하에 작동하게
되었다. 그리고 1947년 6월에 선언된 마셜 플랜 및 이의 진행과정에
서 워싱턴은 이미 확립된 양 진영 간 대결정책을 소련 및 여타
세계에 확인시켜 주었다.

4. 마셜 플랜과 냉전의 전개

1947년 전반기에 선언된 트루먼 독트린 및 대소봉쇄정책 자체가
당시 만연했던 위기 상황의 타개를 보장하는 것은 아니었다. 그것만
으로는 미국 내 경제불황 및 유럽 정치·경제의 위기를 해결할 수
없었다(예컨대 이는 그해 4월과 5월 계속적인 달러화 가치의 하락을 막을
수 없었다). 따라서 미국의 입장에서는 과거 추진했던 유럽에 대한
부흥원조의 명목으로 미국의 경제위기 타파 및 서유럽 지역에 대한
영향력을 확립할 마셜 플랜(Marshall Plan)을 필요로 하게 되었다.
당시 유럽의 정치 상황은 벌써 대전 전후의 상황과는 다른 양상을

& Brothers, 1947) 참조.

띠고 있었다. 이러한 사실은 제3세력, 즉 공산당을 축출한 사회당 주도의 사회주의 세력의 결집으로 설명할 수 있다. 그러나 이들 제3세력은 기존의 제국주의정책을 추구했던 구(舊)집권층과 완전한 결별을 고하지 못함으로써 점차—여전히 사회의 자원을 상당부분 통제하고 있던—구집권층의 영향력이 확대되어 가는 것을 지켜볼 수밖에 없었다.[25]

먼저 독일에서는 나치 붕괴 후 아데나워(K. Adenauer)의 기독교민주동맹이 기독교에 의한 소박한 감정에 호소하고 여기에 사회주의적인 강령을 '덧붙임'으로써 독일인들 속에 확고하게 자리 잡는 데 성공했다. 2차 대전의 참담함을 극복하는 방식으로 사회주의 정책과 종교 교리를 접목한 이러한 방식은 이탈리아의 기독교민주당, 오스트리아의 기독교사회당, 벨기에의 기독교국가당을 통해서도 확인할 수 있다.[26]

1945년 7월 영국 노동당은 사회주의적 정향의 여러 정책을 들고 나와 선거에서 승리했다. 그러나 노동당 정부는 실제로는 과거의

---

25) 이는 선택의 문제가 아닌 '필연'의 문제로, 애초 구집권층과 완전한 결별을 주장하던 이탈리아나 프랑스의 사회당은 선거에서 패배할 수밖에 없었다. 결국 이탈리아와 프랑스 사회당은 살아남기 위해 상당한 우선회를 해야만 했다.

26) 주지하다시피 마르크스주의는 종교를 '인민의 아편'으로 간주하기 때문에 공산당에서 종교를 받아들일 수 있는 여지는 거의 없다. 즉 기독교사회당은 가능하나 기독교공산당은 가능하지 않다.

제국주의 정부와 별다른 차이점을 보여주지 못했다. 또한 이전의 처칠 정부와 마찬가지로 세계의 분열을 선도하는 '연속성'을 보여주었다. 예를 들어 노동당의 외상 베빈은 하원의 취임연설에서 불가리아 정부의 비민주성을 들어 소련을 비난한 미국의 국무장관 번스를 지지한다. 그는 "우리들은 하나의 전체주의가 전환하는 데 또 다른 전체주의가 가세하는 것을 저지하지 않으면 안 된다"라고 하면서 전후 노동당 외교정책의 기본방침을 명시했다. 미국 루즈벨트 대통령의 사망 후 반소정책으로 방향을 전환한 미국과 베빈이 이끄는 영국의 외교정책은 전후 시기에 상호 긴밀히 결합되었는데 이를 번스 - 베빈주의라고 한다.

이러한 태도는 그리스 왕조의 지지 및 무력간섭, 말리(Mali) 민족해방투쟁에 대한 무력탄압, 프랑코(F. Franco) 치하의 스페인에 대한 암묵적 지지 등으로 나타났는데 이는 어떤 측면에서도 결코 사회주의적이라고 말할 수 없다. 같은 맥락에서 일반적으로 사회주의 정책이라고 알려진 영국 노동당의 산업국유화 정책은 그 본질에 있어서 국가독점자본주의라고 말할 수 있다.[27]

프랑스와 이탈리아의 경우, 비록 사회주의 세력이 제1당으로 자리

---

27) 이후 영국 노동당 내각에서는 1948년 1월 노골적으로 반소 경향을 표명하고 국제적으로 공산당을 고립시킴으로써 제3세력을 결집하기 위해 그해 3월 반공정책과 마셜 플랜 지지를 주된 의제로 한 사회당 회의를 개최했다.

잡았으나 당시의 경제적 위기에 대한 자체의 해결방안 마련에 실패하게 된다. 특히 1946년 겨울에 몰아친 혹한은 당시 서유럽 경제 재건의 움직임을 무력화시킬 정도로 가혹한 것이었고 이에 따라 미국의 원조는 절실한 문제였다.[28] 그 결과 정국의 타개책으로 미국자본에 의해서 비판받는 공산당을 고립시키고 미국자본에 보다 의존하는 방식으로의 전환을 받아들이게 되었다.

프랑스는 1947년의 잇따른 공장 파업을 계기로 사회당이 인민공화파와 제휴하고 공산당을 연립정부에서 제외했으며, 이탈리아에서도 그 즈음 공산당을 연립정부에서 추방했다.[29]

---

28) 1946년 겨울의 혹한은 유럽 경제 일반에 치명적인 영향을 주었다. 혹한으로 수송은 마비되고, 석탄은 부족하고 생산은 거의 정지되었다. 영국의 경우 이로 말미암아 공장은 1주일에 3일 정도 가동되었고, 프랑스에서는 석탄 생산의 감소로 절박한 연료부족 상태에 직면했으며, 독일의 석탄생산은 수송 장애, 탄광 장비의 부족, 식량 공급의 악화 등으로 인해 크게 감소했다. 이탈리아에서도 예외는 아니었고 이에 따라 실업과 빈궁으로 전체 국민의 사기가 크게 떨어졌다. 김정배, 『미국과 냉전의 기원: 공존과 지배의 전략』(서울: 혜안, 2001), 123쪽 참조. 영국이 1947년 2월 그리스와 터키 문제의 해결을 미국으로 넘긴 것 역시 1946년 겨울의 기상악화가 상당한 원인을 제공했다.

29) 전후 이탈리아 공산당을 이끌던 톨리아티(P. Togliatti)는 당시 당의 방침을 회상하기를 "그때 이탈리아는 영미 제국주의 군대에게 점령되었다. 이로부터 알 수 있는 바 물질적 양상에서 절대적 우세는 우리 쪽에 있지 않았다. 만약 공산당이 민중을 이끌어 영·미를 반대하는 투쟁을 한다면

　　중도를 표명했던 제3세력은 당시의 정국에서는 미국을 좇아 우선
회를 하지 않는 경우 패배할 수밖에 없었다. 예컨대 1948년 1월
이탈리아 총선 전에 개최되었던 사회당 로마대회에서는 공산당과의
통일전선이 확인되었으나 결국 5월의 선거에서 참패했다. 또한 프랑
스에서도 사회당의 당원 수가 1947년 말까지 3분의 1 규모로 감소하
는 등 중도파 제3세력은 약세를 면치 못했다.[30]

　　당시 유럽의 경제상황은 대전 직후에 비해서는 상당히 개선되고
있었다. 적어도 공업부문만을 놓고 볼 때 1947년 초를 제외하면
유럽의 경제는 극히 정상적으로 회복되고 있었다. 그러나 기상조건
에 의해 크게 좌우될 수밖에 없는 농업은 1946년 겨울의 혹한과
뒤이은 가뭄으로 심각한 타격을 입었다. 식량문제는 기본 생활수준
과 관계되는 중요한 문제이자 노동생산성을 떨어뜨리고 사회적
불안을 야기하는 주요 원인이기도 했다. 결국 1946년 겨울과 1947년
봄 사이 유럽 경제위기의 주요 부분이 식량문제에서 기인하는 것이
었다.

이탈리아의 국내형세로 보거나 국제형세로 보거나 모두 비극적인 결과를
초래했을 것이다"라고 지적하고 있다. 연변대학 통신학부·마레학부, 『국
제공산주의 운동사(하)』, 547쪽.

30) 당시 유럽 사회주의 세력의 모습에 대해서는 이용필, 『유럽 마르크스주
의의 전개』(서울: 서울대학교 출판부, 1997) 및 볼프강 아벤트로트, 신금
호 역, 『1968년 이전의 유럽 좌파(1848-1968)』(서울: 책벌레, 2001) 참조

비교적 순조롭게 진행되던 유럽의 경제회복이 1946년 겨울과 1947년 봄 뜻밖의 기상이변 때문에 어려움을 겪자, 미국은 유럽경제에 대한 전반적 재평가 작업에 들어갔다. 마침내 워싱턴에서는 이를 구조적 위기로 규정하고 기존의 원조정책을 수정하고자 했다. 미국의 관리들은 위기의 근원을 유럽의 달러 부족에서 찾았다. 달러 부족은 유럽의 대미수입과 미국의 대유럽 수출을 위축시킴으로써 유럽의 회복을 지연시키고 미국의 무역수지 불균형을 심화시켰다.[31]

전후 유럽에서는 전후의 경제회복을 위해 쌍무주의적·민족주의적 관행을 점차로 확산시키고 있었는데, 미국의 입장에서 이러한 관행은 자국의 국익에 결코 도움이 되지 않았다. 즉 쌍무주의는 미국이 20세기 초부터 줄기차게 추구해 온 다자 간 자유무역주의 경제이념과 정면으로 배치되는 것이었다. 결국 당시의 유럽 경제위기 및 유럽 내 무역관행을 두고 볼 때 미국은 기존의 방식과 전혀 다른 새로운 차원의 원조가 필요했다. 이는 마셜 플랜으로 구체화되

---

31) 워싱턴에서는 2차 대전이 끝나기도 전에 전후 예상되는 미국 내 경제공황의 원인으로 유럽 구매력의 부족을 꼽았다. 1945년 1월 번스는 이와 관련된 문제를 다음으로 요약했다. "만약 미국 노동자들 모두에게 일자리를 제공하려면, 미국은 상품을 수출해야 한다. 그러나 다른 나라들이 대금을 지불할 달러가 없으면 수출은 어려울 것이다." 김정배, 『미국과 냉전의 기원: 공존과 지배의 전략』, 59~60쪽 및 128쪽 참조.

는데, 이는 단순히 유럽의 경제 회복을 위해서가 아니라 기본적으로 미국적인 경제이념의 실현과 세계 자본주의체제의 정상적 작동이라는 차원에서 새롭게 추진되는 방식이다.[32]

1947년 6월 3일 미 국무장관 마셜은 하버드 대학 교우회의 연설에서 미국은 3~5년 이내 유럽 각국에 본격적인 원조를 제공해야 한다고 강조했다. 다만 미국이 원조에 앞서 유럽 각국이 먼저 관련 이니셔티브를 취하여 원조를 필요로 하는 정도와 그 역할에 대한 서로의 협정이 성립되어야 함을 밝혔다.

또한 "인간의 불행에 편승해 정치적으로 혹은 다른 방식으로 이익을 얻고자 불행을 영구화하려는 정부, 정당, 혹은 집단은 미국의 반대에 직면할 것"이라는 점을 강조했다. 후자는 다분히 경제위기로 인한 사회주의 세력의 준동을 후원하는 소련을 염두에 둔 것이라고 하겠다. 그러나 수일 후 기자회견에서 마셜은 자기의 호소는 유럽 모두가 대상이고 그 안에는 물론 소련도 포함되어 있다고 말한다. 얼마 후 국문성 당국자 또한 마셜 플랜이 트루먼 독트린과 직간접으로 모두 무관하다고 해명했다.

그러나 후에 밝혀진 바로는 소련의 배제는 마셜의 연설에 앞서 이미 결정되었다. 소련을 포함시켜야 한다고 주장한 몇몇 관료가 없지는 않았다. 하지만 소련과의 협상 희망을 포기한 미국의 고위지

---

32) 김정배, 『미국과 냉전의 기원: 공존과 지배의 전략』, 129쪽 참조.

도자들 중 '마지막 인물'이었던 마셜조차도 소련의 참여를 기대하지 않았다.[33] 마셜이 연설에서 이 계획은 유럽인들의 '공동'의 것이어야 한다고 하면서 '비록 전부는 아니더라도'라는 단서를 둔 것도 그러한 사정을 반영했기 때문이다.

마셜의 복안에 맨 먼저 반응을 보인 곳은 영국 노동당 내각이었다. 베빈 외상은 곧바로 프랑스 외상과 회견하고 미국 안에 기초를 둔 초안을 작성한 후, 다음에는 소련도 참가해 줄 것을 호소했으며 소련도 이를 받아들였다. 이후 6월 27일부터 파리에서 영국·프랑스·소련의 3국 외상회의가 열렸고, 이들은 영국·프랑스 안에 기초하여 관련 사항을 검토했다. 그러나 검토 과정에서 7월 2일 몰로토프(V. M. Molotov) 소련 외상은 미국 제안의 내용이 불명확하고 유럽 각국에 미국의 내정간섭을 수반할 수도 있음을 들어 이를 거부한다는 성명을 발표한다.[34] 마셜은 후에 소련의 거부를 '악의에 찬 왜곡'이라고

33) 국무부의 케넌은 마셜 플랜의 세부계획 내에 이미 소련과 동유럽의 참가를 위해서 "동유럽은 현재 취하고 있는 일방적인 친소 경제정책을 버려야 하며, 소련과 동유럽 모두 그들의 경제를 전부 개방해야 한다"라는 조건을 내걸었다. 소련에게 이는 일종의 주권침해이자 동유럽을 미국의 시장으로 묶어두려는 음모로 보일 수밖에 없었다. 김정배, 『미국과 냉전의 기원: 공존과 지배의 전략』, 220~221쪽 참조.
34) 애초 스탈린은 마셜 플랜에 대해 상당히 적극적이었다. 그러나 워싱턴 주재 대사인 노비코프(N. Novikov) 및 소련 정보기관의 보고 등에서 마셜 플랜이 미국의 정책적 도구로서 독일을 서유럽으로 재통합시키는 모의라

비난했다.

　같은 해 7월 12일 마셜의 안에 대한 긍정적 검토와 보다 세부적인 심의를 위해 유럽부흥회의가 개최되었는데, 여기에는 서유럽 16개 국이 참가했을 뿐 소련 및 동유럽 국가는 불참했다. 다만 당시 동과 서의 징검다리라고 불리던 체코슬로바키아만이 단 한 번 참가를 승인했다가 후에 이를 취소했다.[35] 이후 소련과 동유럽을 제외한 서유럽 측의 유럽부흥계획인 마셜 플랜은 7월말 워싱턴에서의 미·영 회의를 거치고 8월 서부 독일을 포함한 후 9월에 프랑스 측의 승인을 받는다. 이 계획은 다시 미국에 의해 수정되고 대폭적인 삭감을 거친 후 1948년 4월 경제협력법으로 입법화되고 그해 6월부터 시행되었다.

는 보고를 접수한 후 마음을 바꿨다. 존 루이스 개디스, 『새로 쓰는 냉전의 역사』, 83~84쪽 참조.

35) 체코슬로바키아는 소련의 지시에 대한 반발이 아닌 혼동 때문에 머뭇거렸다. 스탈린은 처음에는 참가거부를 지시하지 않고 오히려 '만장일치의 승인'을 하라고 요구했지만, 뒤에 재고하여 파리회의의 참가 자체를 거부할 것을 지시했다. 스탈린은 직접 체코의 지도자들을 모스크바로 불러들여 어떤 동유럽 국가도 마셜 플랜에 가입하지 못하도록 분명히 했다. 존 루이스 개디스, 『새로 쓰는 냉전의 역사』, 84~85쪽 참조. 이 당시 체코슬로바키아와 소련의 긴밀한 움직임에 대해서는 특히 Mikhail Narinsky, "Soviet Foreign Policy and the Origins of the Marshall Plan," in Gabriel Gorrodetsky(ed.), *Soviet Foreign Policy 1917-1991: A Retrospective* (London: Frank Cass, 1994), p. 12, 105~110 참조.

마셜 플랜에 대해 소련과 동유럽 측은 코민포름의 결성으로 대응했다. 1947년 9월 프랑스와 이탈리아 사회주의 및 공산주의 당을 포함한 9개국 공당대표는 회의를 열어 마셜 플랜에 대한 대응책을 논의했다. 이들은 마셜 플랜은 미국이 목표로 하고 있는 전 세계적인 정치적 팽창계획의 일부이기 때문에 이를 저지하기 위해 전력을 다해야 한다는 내용의 즈다노프(A. A. Zhdanov)의 보고서를 채택한다. 또한 이를 위해 유고슬라비아의 베오그라드를 본부로 한 정보국 설치를 결의했으며, 이 정보국은 코민포름(Cominform)으로 명명되었다.

코민포름을 서방 측에서는 코민테른(Comintern)의 부활이라고 주장했다. 하지만 실제 코민포름은 정보교환을 주로 하는 통일전선을 위한 합의기관의 성격을 띠며 가맹국의 공산당을 지부로 한 이전의 코민테른과 같은 중앙집행기관이 아니었다. 코민포름의 결성으로 1947년과 1948년을 거치면서 유럽에서는 한쪽에서는 마셜 플랜, 다른 한쪽에서는 코민포름이라는 두 개의 평행적 성격의 세계시장이 형성된 것이다.

세계노동조합연맹(WFTU)하의 각국 노동조합 중에서 미국의 산업별노동조합회의(CIO)가 먼저 마셜 플랜의 지지를 표명하고 영국노동조합회의(TUC)가 이에 동의함으로써 마셜 플랜을 둘러싸고 대립이 격화되었다. 예컨대 1949년 세계노동조합연맹 집행국 회의에서는 '공산주의가 지배하는 노동자연맹은 향후 1개년간 활동을 정지할 것'을 내용으로 한 영국노동조합회의가 제출한 안이 부결되었다. 이에 불만을 품은 미국의 산업별노동조합회의와 영국의 영국노동조합회의 및 네덜란드 노동자대표는 탈퇴를 선언하고 그해 6월부터 미국노동총동맹(AFL)과 같이 반공을 슬로건으로 내세운 자유노련을 결성했다. 그 후 세계노동조합연맹의 분열은 돌이킬 수 없게 되고 말았다.

마셜 플랜의 심의가 진행되고 있는 동안에도 서유럽의 경제정세는 악화일로에 있었다. 흉작으로 인한 식량부족과 인플레이션 등으로 인해 노동운동이 첨예화되었다. 1947년의 로마 총봉기는 이탈리아 각지로 확산되었으며, 프랑스에서도 전 관청의 총봉기가 파리에서부터 남부 마르세유까지 확대되어 정부는 군대를 출동시켜 이를 진압할 수밖에 없었다. 이에 트루먼은 12월 의회에 교서를 발부하여 마셜 플랜 발효를 기다리지 말고 프랑스와 이탈리아에 긴급경제원조를 해줄 것을 요청했다.

이와 같은 상황하에서 1948년 2월 체코슬로바키아에서 발생한 쿠데타는 서유럽을 경악시켰다. 서유럽에서는 이를 히틀러의 프라하 침공 이래 가장 큰 사건으로서 소련 공산주의의 잔인함을 보여주는 극명한 예라고 이구동성으로 입을 모았다. 그러나 내용을 살펴보면 이는 소련의 압력도 아니었고 잔인한 것도 아니었다. 쿠데타 이전 체코슬로바키아 정부는 공산당의 고트발트(K. Gotwald)를 수반으로 한 연립내각으로 이루어졌으며 구체적으로 전 각료는 공산당 6, 사민당 3, 기타 정당 1 정도의 비율이었다. 쿠데타의 계기는 1948년

2월 20일 신 토지개정법안을 국민당 및 국민사회당 이하 12명의 각료들이 각의에서 심의할 것을 거부하고 사표를 제출하여 내각총 사퇴를 겨냥함으로써 발생했다.

다음날인 21일 이러한 행동에 항의하여 체코슬로바키아총동맹은 총봉기를 선언했고 이후 전후 최대의 시위가 이어졌다. 뒤이어 '행동 위원회'가 각지에 조성되었으며 정부 내에서는 베네시(E. Beneš) 대통령이 열두 각료의 사표를 수리하고 발트 수상의 내각 개각을 승인했다. 이 개각을 통해 공산당 5, 사민당 1의 비율로 각료 수는 조정되었으나 국민당과 국민사회당 이하 각 정당도 내각에서 추방된 것은 아니었다. 즉 이는 민중의 지지를 받은 평화적인 개혁인 셈이다. 이를 입증하는 증거로서, 3개월 후 시행된 총선의 결과 공산당이 214석을 점하고 나머지 정당이 겨우 40석을 얻음으로써 공산당이 명실공히 확고한 승리를 거둔 것을 들 수 있다. 그 결과 이제 '동과 서의 징검다리'였던 체코슬로바키아는 명확하게 서유럽과 결별을 고하게 되었다.[36]

---

36) 이러한 설명과는 달리 체코슬로바키아 쿠데타의 '음모'적 입장에 대한 논의에 대해서는 Igor Lukes, "A Road to Communism: Czechoslovakia, 1938-1948," Norwegian Nobel Institute conference paper(Moscow, Mar. 1993), pp. 1~11, 24~27; John A. Armitage, "The View from Czechoslovakia," in Hammond(ed.), *Witness to the Origin of the Cold War*, pp. 223~226; Lawrence S. Kaplan, *The United States and NATO: The Formative Years* (Lexington: University Press of Kentucky, 1984), pp. 49~51 참조.

체코슬로바키아를 잃은 서유럽은 같은 해 4월의 이탈리아 총선을 주시했다. 기독교민주당을 승리시키기 위해 미국, 영국, 프랑스는 3월 20일 트리스테(Trieste) 항의 이탈리아 반환을 발표하는 한편 마셜도 만일 총선에서 공산당이 승리하면 미국은 경제원조를 중단하겠다고 경고했다. 또한 바티칸도 매우 적극적으로 선거전에 뛰어들었다. 그 결과 기독교민주당이 48%의 득표로 승리를 거두었으나 인민민주전선도 약 800만 표에 이르는 32%를 얻어 제2당으로 진출했다. 당시의 수상인 가스페리(A. Gasperi)는 '사회주의 세력은 아직 강대하다'라고 하면서 이를 인정할 수밖에 없었다.

이제 냉전의 초점은 다시 독일로 옮겨졌다. 일찍이 미국은 1947년 1월 이래의 연합국관리이사회의 결정을 무시하고 루르 지방을 마셜 플랜의 중심지로 둘 것을 정하고, 1947년 9월 미소재무협정에 의해 루르의 지배권을 장악했다. 따라서 그해 11월에 런던에서 열린 4개국 외상회의에서 소련과의 협상 결렬은 미국이 당초부터 기대했던 것이었다. 새로이 1948년 2월부터 런던에서 개최된 미국, 영국, 프랑스 3국회의는 독일의 관리국으로 기존 당사국이 아닌 베네룩스 3국을 끌어들였다.

이렇게 구성된 국제관리이사회에서는 루르의 철강·석탄 배급에서 소련을 제외시켰다.37) 당시 소련 대표인 소콜로브스키(V. Sokolovsky)

---

37) 냉전의 형성에 있어서 런던회담의 중요성에 대해서는 특히 Henry A.

원수는 이를 '얄타, 포츠담 협정의 파탄'이라고 격렬히 비난하고 퇴장했으나 서유럽 측은 아랑곳하지 않았다. 오히려 이후 6월 18일 서독의 통화개혁을 단행하고 6월 21일부터는 서베를린에서 서유럽의 통화가 사용될 수 있게끔 했다. 소련은 이를 동독 통화에 대한 위협으로 간주했고 마침내 그 다음날인 6월 22일 베를린과 서방측 점령지구 간의 모든 육로 및 수로를 봉쇄하는 '베를린 봉쇄'를 실시했다. 이에 대해 미국과 영국은 6월 26일부터 생필품을 베를린에 공수(空輸)했다.[38]

날로 심화되어 가던 냉전의 깊은 골은 1948년 5월 스탈린과 월리스 사이의 공개적 평화론 및 거두회담에 의한 긴장완화 안에 대한 동의 등으로 완화되는 듯했다. 그러나 미국 행정부는 이러한 움직임을 거부했고 화해의 길은 점차 봉쇄되었다. '대소 예방전쟁'이 미국 내 하나의 안으로 떠오른 것도 이 시기였다. 1948년 말 미국의 군·정 관계자들은 베를린에서 이에 대한 논의를 위해 회동했다. 또한 이 당시 미 하원의 군사위원들은 전쟁의 즉각적인 감행을

Turner, *The Two Germanies Since* 1945(New Haven: Yale University Press, 1987), pp. 23~24 참조.

38) 베를린 봉쇄가 런던 회담 특히 통화개혁 계획에 대한 반발이라는 견해는 Mikhail Narinsky, "Soviet Policy and the Berlin Blockade," CWIHP Conference Paper, Essen, June에서도 확인할 수 있다. 존 루이스 개디스, 『새로 쓰는 냉전의 역사』, 209쪽에서 재인용.

요구하면서 심지어 베를린 봉쇄를 풀기 위해서는 원자탄을 적재한 B29 폭격기 2개 중대를 러시아군 상공에 발진시키는 것이 좋겠다는 말까지 했다고 한다. 미국의 독일 점령군 사령관 클레이(L. Clay) 대장 자신은 베를린 장벽에 구멍을 뚫기 위해 무장기동부대의 지원을 영국과 프랑스에 요청했으나 거절당했다.

그해 11월의 대통령 선거에서 공화당 후보인 듀이(T. E. Deway)는 당선을 예상하고 군사작전을 준비하고 있었으나, 당시 미국 내 여론과 전 세계적인 반전론은 전쟁에 반기를 들었으며 그 덕에 또 다른 참사를 모면할 수 있었다. 이러한 시대상황에 직면한 트루먼 대통령은 긴장완화를 도모할 수밖에 없었다. 소련 역시 연합국들이 동독 교통·통신시설에 보복조치를 취했고, 특히 동유럽권의 모든 전략수출품에 대해 서방 측이 수입금지를 단행했기 때문에 한 발 물러섰다. 결국 1949년 5월에는 베를린 봉쇄가 해제되었다.

한편 마셜 플랜은 1951년 말에 단절되고 이후에는 상호안전보장법(MSA)하의 군사원조로 전환된다. 그 3년 반 동안 총액 114억 달러가 유럽에 제공되었고 유럽의 공업수준은 전전(戰前) 대비 37% 상승했으나 그 내용은 군수공업부문에 편중되었다. 특히 서독의 루르 지방에 집중되었다. 그 결과 유럽 각국의 군사비 지출이 두드러지게 증대했는데, 영국의 경우 총 수입액이 27억 달러인 반면 군사비 지출은 110억 달러에 이르렀으며, 프랑스의 경우도 전자가 1억 프랑인 반면 후자는 2조 프랑에 달했다. 또한 이 시기 서유럽 각국의 미국에 대한 경제의존도 역시 급격하게 증가하게 된다. 그러나 미국 경제의 입장에서 볼 때 마셜 플랜은 소기의 목적을 달성했다고 볼 수 없다. 자본의 유럽진출은 1947년 150억 달러에서 1949년 120억 달러로, 1950년에는 103억 달러로 격감했으며 이러한 감소 추세는 한국전쟁의 발발로 더욱 촉진되었다.

제2장 아시아의 민족해방운동

1. 미국의 아시아정책

전후 미국의 아시아 정책은 월가(Wall Street)의 세계지배를 목표로 한 정책의 일환으로 볼 수 있다. 이와 같은 세계정책은 첫째, 미국 팽창의 대상이 되는 모든 국가에 대한 정치적·경제적 지배를 확립할 것, 둘째, 이러한 국가들의 상품시장을 확보함으로써 야기되는 노동운동과 반미운동 등 모든 종류의 장애를 와해할 수 있는 국내정체를 그들 국가에 수립하는 것 등의 두 가지 기본 목적하에 추진되었다. 이를 통해 2차 대전 후 미국에 유리하게 조성된 세계시장에서 미국의 독점적 지위를 확고히 하고 자국 중심의 군사, 정치 및 경제 정책의 용이한 실현을 보장받고자 했다.

과거 아시아 국가들은 자본주의 발전이 지체된 식민지 종속국으로서 영국, 프랑스 및 일본의 세력권 내에 있었다. 따라서 미국의 입장에서는 전쟁 후 이들 나라들이 재차 구식민지 소유국의 세력 아래로 돌아가는 것을 방지해야 했다. 그 수단으로 대두된 것이 '세계의 모든 자본에 대한 문호 개방' 및 '미국식 민주주의'의 정립이다.[39]

전후 세계정세에서 영국, 프랑스, 독일, 일본, 이탈리아 등의 과거 식민지 소유국의 정치·경제 상황이 크게 악화되고 자본주의 국가 중 미국만이 유일한 강자로 남아 있었다. 그러한 상황 속에서 모든 자본에 대한 문호 개방 정책은 미국의 국익을 담보할 핵심적인 정책이었다. 미국식 민주주의의 정립은 특히 소련의 영향력 확대를 방지하는 데 주요 목적이 있었다. 그들 나라가 소련의 세력권 내로 편입하는 경우 자국의 경제적 이익뿐만 아니라 정치적 이익과도 정면으로 충돌하기 때문에 미국의 역량은 이를 방지하기 위한 노력에 집중되었다.[40]

---

39) '미국식 민주주의'라는 수사(rhetoric)와 현실적 전개를 구별할 필요가 있다. 미국 정치는 진정한 민주주의 정치가 아니라 자본의 특권적 이해를 대변하는 세력들에 의한 과두정치이며, 이것은 이미 미국 사회의 선각자들에 의해 신랄하게 파헤쳐진 바이다. 이 특권적 소수가 자신들의 이익을 미국 또는 세계 민주진영 전체의 이익으로 선전하면서 자본의 패권을 유지·강화하는 가운데 약소민족과 노동자, 유색인종들이 짓밟혀온 것이다. 김민웅, 『밀실의 제국』(서울: 한겨레신문사, 2003), 8~9쪽 참조.
40) 전자보다 후자가 더 명시적이고 절실한 문제였다고 볼 수 있다. 이와

이 시대 미국의 아시아 정책에서의 두 개의 주요 특성, 즉 '문호개방과 세계의 헌병'은 이러한 상황에서 나온 것이다.[41] 미국은 구식민지 지역에서의 미국의 진입을 저지하는 모든 방해를 타파하고 자신의

관련하여 마셜 국무장관은 1947년 2월 파리 주재 미 대사관으로 "우리는 위험하고 구시대적인 식민지적 관점과 방법들이 그 지역에 잔존하는 것을……묵과할 수 없다"라고 전문을 보낸다. 그러나 "우리는 식민 제국과 식민정부가 크렘린(Kremlin)에서 나오고 통제되는 철학과 정치조직들에 의해 대체되는 것을 보는 데도 흥미가 없다는 점을 '명백히' 해야 한다." 존 루이스 개디스, 『새로 쓰는 냉전의 역사』, 265쪽 참조.

41) 미국의 '국제경찰' 또는 '세계의 헌병'의 역할에 대한 강조는 일찍이 루즈벨트(T. Roosevelt) 시기부터 직접적으로 드러났다. 루즈벨트는 미국이 국가 공동체라는 이름으로 서반구에서 경찰력을 행사할 수 있는 특별한 역할, 특히 '불의'와 '무기력'에 대항하여 간섭할 책임을 갖고 있다고 주장했으며, 파나마를 침공하면서 자신을 등치기배(black mailer)를 감옥에 집어넣는 경찰에 비유했다. 이후 태프트 행정부는 니카라과에 대한 소위 '도덕적 섭정(moral protectorate)'을 계속했고, 윌슨 행정부는 도미니카 공화국의 '국내질서'를 회복하기 위해 해병대로 하여금 5년 동안 그곳에서 정부의 일체의 기능을 떠맡으라고 명령했다. 쿨리지 대통령은 니카라과 정부를 위협하면서 다음과 같은 말을 한다. "우리는 니카라과에 싸움을 걸고 있는 것이 아니다. 그것은 마치 거리를 지키는 경찰관이 행인에게 싸움을 걸지 않는 것과 같다." Richard J. Barnet, *Intervention and Revolution: America's Confrontation with Insurgent Movements Around the World*(New American Library, 1972), 홍성후 역, 『미국의 대외정책과 제3세계』, 100~114쪽 참조.

제국주의적인 이익을 수호하는 한편, 외국의 자본과 권력으로부터 식민지 자국을 해방시키려는 아시아 민족의 노력을 방해하기 위해 모든 제도를 활용했고 또 이를 보전하는 정책을 일관되게 취한 것이다.

대전 초기 미국은 주 전장(戰場)이 유럽이라고 선언했다. 그러나 실제는 유럽 전쟁을 전적으로 소련에게 맡겨놓았다는 사실을 주목할 필요가 있다. 미국은 1942년부터 본격적으로 유럽에서 파시즘 세력과의 전쟁을 수행하기로 했으나 1944년 소련이 단독으로 나치 독일과 대치해서 위기에 직면할 때까지 이 약속을 고의적으로 지연시켰다. 반면 태평양전쟁에 대해서는 매우 적극적이었는데, 이는 단지 일본의 진주만 공격에 대한 보복공격의 측면만으로는 설명하기 어렵다. 태평양전쟁의 개전부터 종전까지 줄곧 거의 단독으로 전쟁을 수행하면서 일본의 식민지하에 있던 아시아 국가들로부터 직접 일본군을 몰아내는 희생을 감수한 데에는 이 지역이 그만한 가치가 있었기 때문이다.

또한 전시 중에 조인한 '대서양 헌장'42)에서 미국은 인도차이나와

---

42) 제2차 세계대전 당시인 1941년 8월 14일 미국 대통령 루즈벨트와 영국 총리 처칠이 대서양 해상의 영국 군함 프린스 오브 웨일스 호(號)에서 회담한 후 발표한 공동선언이다. 여기서 양 정상은 대전 후의 세계 정치, 경제 등에 대한 양국 정책의 공통원칙을 정한 것으로 내용은 다음과 같다. 대서양헌장은 다른 전시선언(戰時宣言)과 마찬가지로 그다지 실제

인도네시아에서 일본군의 항복을 받는 일은 영국과 인도 군에게 맡기고 자신들은 관계하지 않겠다고 선언한다. 이로 인해 향후 기존 식민지 영유국 또는 이해 당사국과 피식민지 국가 간의 유혈충돌이 일어났다. 예컨대 베트남과 프랑스, 태국과 영국, 네덜란드와 인도네시아 사이의 분쟁이 그것이다.

한편 2차 대전 후 서유럽 제국주의 세력은 재차 이전 식민지에 진입해 왔다. 이때 그들은 사회주의자들이 주도하는 강력한 민족해방운동의 저항을 받게 되었다. 전후 아시아의 인도, 중국, 인도네시아, 말레이시아, 한국 등에도 벌써 인민정부 수립이 한창 진행 중이었다. 이러한 상황에서 과거 세계 제국주의의 토대였던 식민지 체제 자체의 지속은 결코 용이하지 않았다. 대신 새로운 양식의 제국주의가 대두되었는데, 이는 구식민지 피지배국을 일종의 위성국가로 만드는 것이다. 영국과 프랑스 등이 과거의 방식에 여전히 집착한 반면 미국은 전후 본격적으로 새로운 방식을 당시의 압도적 경제 및 군사적 우위를 바탕으로 새로운 방식의 정책을 추진했다.[43]

적인 것은 아니었지만 미국이 참전한 후 이 원칙이 연합국의 공동선언에 채택되어 제2차 세계대전에서의 연합국 공동 전쟁목표의 기초가 되었을 뿐만 아니라 국제연합의 이념적 기초가 되었다. 리오 휴버만, 박정원 옮김, 『가자, 아메리카로!』(서울: 비봉출판사, 2001), 134~145쪽 참조.
43) 아시아 식민지에 이해관계를 가진 구(舊)제국주의 국가 중 2차 대전의 전승국인 영국, 프랑스, 미국은 종전 전후 다시금 아시아에 그 세력을 뻗쳐왔다. 프랑스와 미국의 제국주의적 침략은 이후의 본문 내용에 포함

되어 있기 때문에 여기서는 생략하고, 다만 영국의 경우를 몇 가지 실례를 들어 살펴보면 다음과 같다.

말레이시아에서 영국은 말레이시아 공산당에게 요청하여 국가자문위원회에 참가시켰으나 반면 말레이시아 공산당이 항일전쟁 시기에 건립한 인민위원회를 강압적으로 해산했다. "항일군대는 전쟁이 끝난 지금 더 이상 존재할 필요가 없다", "말레이시아 국민들의 주요 임무는 영국 정부를 도와 민주 및 자유의 새로운 말레이시아를 건립하는 것이다" 등의 구호를 내세워 1만 5,000명에 달하는 항일군을 해산한 것이다. 무장해제 이후 영국은 1948년 6월 공산당을 불법으로 선포한 뒤 군대를 동원하여 공산당원 및 민족주의자 세력을 마구잡이로 진압하고 학살했다. 1948년 말의 통계에 따르면 1만 3,000명의 당원 및 동조자가 투옥되거나 처형되었다고 한다.

한편 버마에 다시 들어온 영국은 버마 공산당 지도부와 '캉리 협정'을 맺었다. 이에 버마 공산당은 1945년 9월 약 2만 명의 버마 애국군을 해산하고 이를 영국군 사령부의 관할하에 있는 정규군에 편입했으며, 주민이 가지고 있던 무장력 역시 영국군이 넘겨받았다. 공산당이 스스로 무장해제를 한 얼마 뒤인 1945년 5~6월 영국군은 공산당원과 반제국주의를 부르짖는 민족인사 2만 2,000명을 체포·구금했다.

이 시기 말레이시아, 버마, 필리핀 및 베트남에서의 사회주의의 전개에 대한 보다 자세한 사항은 이범준, 『말라야 공산게릴라전 연구』(서울: 고려대학교출판부, 1968), 20~82쪽; 아시아·아프리카·라틴아메리카 연구원 엮음, 『버마 현대사: '버마식 사회주의'와 버마 민중항쟁』(서울: 소나무, 1989), 24~28쪽; Renato Constantino and Letizia. Constantino, *The Philippines: The Continuing Past*(Quezon City: The Foundation For Nationalist Studies, 1978); 김호철 엮음, 『필리핀 민중운동사』(서울: 동녘, 1985),

이러한 정책에 가장 위협을 가할 수 있는 세력은 사회주의자들이었기 때문에 미국은 '세계의 헌병'을 자처하면서 적극적으로 세계 각국에서 활동하고 있는 이들 세력의 분쇄에 발 벗고 나서게 된 것이다. 미국은 유럽에서 기독교정당 및 사회민주당 등의 중도파 제3세력을 육성하여 노동운동 및 좌익 사회주의운동을 억압한 것과 마찬가지로 구식민지 피지배국에서 새로운 정권을 수립하는 데 있어서도 같은 방법을 적용했다. 민족해방운동을 탄압하는 총수 역할을 적극적으로 수행한 것이다.44)

결국 미국의 적극적 지원을 받는 이들 나라들의 새로운 정권은 미국의 위성국가로서 사회주의자들이 주도하는 민족해방운동을 탄압하는 역할을 적극적으로 수행했다. 그러나 당시 각국의 국내적 상황은 이들 정권을 지지하는 분위기가 아니었다.

결국 시간이 흐를수록 이들 정권은 점차 그 역량이 약화될 수밖에

41~246쪽; 유지열 편역, 『베트남 민족해방운동사』(서울: 이성과현실사, 1986), 133~156쪽 등 참조.

44) 사실 아시아에서 벌어지는 사건들과 유럽의 사건들은 서로 분리될 수도 없었다. 즉 인도차이나에서의 프랑스 제국주의의 패배는 분명히 프랑스 정국을 뒤흔들 것이고, 이는 NATO 등 소련과 맞서는 서유럽 공동전선의 불안정을 초래할 것이다. 유럽의 안보와 아시아 및 기타 제3세계의 안정 사이의 보다 포괄적인 관계에 대해서는 Melvyn P. Leffler, *A Preponderance of Power: National Security, the Truman Administration, and the Cold War*(Stanford: Stanford University Press, 1992) 참조.

없었다. 예컨대 미국이 중국에서 장제스(蔣介石)를 적극적으로 지원
해도 중국 인민해방군을 압도하지 못했다. 이러한 현상은 다른 아시
아국가에서도 나타났다. 영국과 프랑스 제국주의 지지 및 직접 현지
의 독립정권을 수립하고 자국의 혁명세력을 탄압하게 하는 것, 그리
고 경제원조 등의 각양각색의 방법은 당시 세계 각국 민중의 요구를
호도하는 것 이상도 이하도 아니었다.

　미국은 친미정권의 무리한 무력탄압으로 내전 단계에 들어선
말레이시아 민족해방운동의 진압을 위해서 1949년 이후 국내의
합법적인 고무생산을 일시적으로 중지해 가면서까지 말레이시아
고무를 매입했다. 그리고 영국으로 하여금 달러 증여를 통해 말레이
시아 게릴라 탄압비용을 간접적으로 마련해 주도록 했다. 또한 군사
사절단을 파견하고 1억 5,000만 달러에 이르는 경제원조를 제공했
다. 베트남에 대해서도 미국은 1950년 3월 2,500만 달러, 5월과
6월에 3,000만 달러의 군사원조와 군사사절단을 보냈다. 버마에
대해서는 1949년의 국내적 위기상황의 타개를 위해 1950년 3억
5,000만 달러의 경제원조를 제공했다. 필리핀에는 1947년 8월 전면
적 내전단계에 돌입한 이래 '군사지원협정'과 '상호방위조약'45) 등

───────────

45) 필리핀의 정치는 독립 후에도 미국의 강력한 영향력 아래 운영되었다.
　　독립 후의 초대 대통령은 친일파인 로하스(M. Roxas)였는데, 맥아더는
　　그가 이중첩자였다는 구실로 그를 복권시켰다. 반일(反日) 게릴라 투쟁의
　　선봉이었던 필리핀 공산당은 일선 정당인 민주동맹(Democratic Alliance;

을 바탕으로 반정부 세력의 진압을 적극적으로 도왔다.

미국의 아시아 정책의 또 다른 특징으로서는 미군의 아시아 군사기지를 들 수 있다.[46] 이미 미국은 태평양전쟁 중 260개의 각종 군사기지를 설치했고, 전쟁 종결 후 말리아나, 캐롤린, 마셜 군도 등의 구일본 위임통치령이었던 섬들을 하등의 정당한 국제협정에 의한 근거도 없이 사실상 병합하고 여기에 대규모 군사기지를 구축했다. 그리고 미국의 상원위원회는 위의 태평양 섬들의 지배를 조건으로 국제연합헌장을 비준하고 신임통치조건을 하나의 조항으로 기정사실화했다. 또한 타이완, 일본, 한국 등에서는 미군 상륙 다음날부터 놀랄

DA)을 통해 합법적으로 정치무대에 참여하고자 했지만 국회에서 의석이 거부됨으로써 실패했다. 그에 따른 폭동은 미국의 병력지원으로 진압되었으나, 이는 향후 정국을 불안정하게 하는 주요 원인이 되었다. 노암 촘스키·에드워드 허만, 임채정 옮김, 『미국대외정책론: 제3세계 정책을 중심으로』(서울: 일월서각, 1985), 269~273쪽. 이후 미국은 필리핀과 특혜적 통상관계를 유지하는 한편 군사지원협정, 상호방위조약, 군사원조협정을 맺어 필리핀을 공동방위체제 아래 두었다. 예컨대, 1947년의 군사지원협정(Military Assistance Agreement: MAA)은 좌익 사회주의진영과 맞서는 필리핀 정부군의 발전을 지원한다는 미국 약속의 공식화이며, 이어 1951년의 상호방위조약(Mutual Defense Treaty: MDT)을 통해 필리핀에 대한 미국의 간섭이 보다 체계화되었다.

46) 1946년 기준으로 미국은 세계 56개 국가에 자기의 군대를 주둔시켰고, 1947년을 전후하여 세계에 484개의 군사기지를 건립했다. 연변대학 통신학부·마레학부, 『국제공산주의 운동사(하)』, 533쪽.

만큼 거대한 규모로 군사기지가 건설되었다.

또한 1951년 6월 22일부로 타이완은 미국의 중거리 폭격기 기지가
되었다. 이 기지는 아시아 어느 항구라도 제압할 수 있는 요새였다.
타이완이라는 자그마한 섬에 이 당시 733개의 군사기지가 설치되었
다. 필리핀도 1947년 3월 독립과 동시에 체결된 '군사지원협정'에 의
해 미국은 향후 99년 동안 육해공군기지의 사용권을 획득했다. 그리
고 새로이 군사적 필요성이 발생할 때 필리핀 정부에 소속된 모든
군사기지의 사용권과 그 기지 내의 치외법권 및 군무(軍務) 수행을
위한 필리핀 국민의 고용권을 획득했다.

이와 관련하여 맥노트(P. V. McNaught) 미 고등판무관은 1946년
7월 한 미국 잡지에 다음과 같은 기고를 했다.

우리들은 필리핀에 육해공군 기지를 가지고 있다. 이러한 기지
가 설치된 것은 단지 필리핀의 방위를 위해서가 아니고 미국의
방위를 위해서도 아니다. 오직 이들 기지는 극동에서 미군 병사를
통합·관리하기 위함이다. 우리들은 이미 일본을 장기 점령하고
있으며 아시아에서 강경책을 취하고 있기 때문에 필리핀은 아시아
에 있어서 미국을 위해 중요한 역할을 해야 할 운명에 있다.
마닐라, 도쿄, 상하이 이 3개 도시는 삼각형을 이루고 있고 극동
의 심장부는 이 삼각형 안에 맡겨져 있다. 따라서 이 삼각형 테두리
안에서 극동의 미래가 결정될 것이다.

그런데 아시아에 광범위하게 펼쳐져 있는 이러한 군사기지는 무엇보다 소련 및 중국을 향하고 있었다는 점에 주목해야 한다. 소련 견제에 대한 이미 2차 대전 중부터 있었다. 트루먼 정권하에서는 이 구상이 대외정책의 기본 목표 중 하나가 되었다 대전 직후에는 이와 같은 대소(對蘇) 군사기지로서 전략적 중요지점을 중국으로 두었으나 내전에서 중국공산당의 승리 이후 이를 일본 및 필리핀으로 이전시켰으며, 이들을 기점으로 소련 및 중국을 견제하고자 했다. 돌이켜보면 위에서 설명한 군사 기지들은 소련과 중국을 겨냥함과 동시에 필리핀, 일본 등 그 기지가 설치된 국가들에게 식민지 예속을 강요하는 강력한 손잡이가 되었고 그들 국가의 사회주의운동 탄압에 전용되기도 했다.

끝으로 미국의 아시아 정책과 관련하여, 그 경제적 이해관계에 특히 주목해야 한다. 대전 후 미국의 생명선인 공업과 군비계획을 차질 없이 진행시키기 위해서는 국가적으로도 망간, 고무 등 중요 원료와 자원을 즉각 손에 넣어야 할 필요가 있었다. 일찍이 1949년 1월 트루먼 대통령은 특별교서에서 후진국 개발계획으로 치장된 '4개조항 계획(Point Four Program)'을 발표했는데 이 계획은 록펠러와 넬슨 등 재벌 가문을 대표로 한 국제개발자문회의에 의해 관리되었다. 미국의 세계지배를 위해 그리고 미국 자본의 유리한 투자 돌파구 마련을 위해 워싱턴은 적극적으로 아시아 국가의 자원 개발에 간여한 것이다.

요컨대 세계대전 직후에 미국은 문호개방 정책을 기술적으로 구사하여 민주주의의 전도자로 자처하면서 식민지 인민들의 독립과 해방에 대한 열망을 외견상의 독립과 자국민에 의한 정권 수립으로 대체했다. 그리고 그 이면에서는 토착 매판자본과의 직접 거래를 감행하면서 영국, 프랑스 등의 구식민지 영유국을 견제하고 사회주의 세력을 탄압하면서 자기의 몫을 점차적으로 확대해 갔다. 이와 같이 2차 대전 중 및 그 직후에 자본주의 국가군에 야기된 가장 중요한 변화의 하나는 미국이 아시아 지역에서 제국주의의 총수라 할 수 있을 정도로 그 지위를 굳건히 구축해 나가는 데 있었던 것이다.

2. 베트남에서의 민족혁명

2차 대전은 아시아 피압박민족의 입장에서 볼 때, 반제국주의 민족해방운동이었다. 동남아시아에 대한 일본 제국주의 침략은 서유럽 제국주의의 약세를 보여주는 한 사례였다. 이제 동남아시아 민중은 사회주의 세력의 주도하에 자신들 스스로의 힘으로 민족해방운동을 전개해 나갔다. 1945년 8월 일본군의 항복을 계기로 아시아 민족해방운동은 현저한 진전을 보게 되었다. 대전 후 민족해방운동의 목표는 모든 제국주의 지배로부터의 해방이었는데 이 운동은 괄목할 만한 성과를 거두었다. 전후 아시아의 과거 식민지에 재진입한 서유럽 제국주의자들이 처음 직면한 것은 고조된 민족해방운동의 물결이었다. 과거의 피압박민족은 이미 과거와 같은 생활을 되풀이하고 싶지 않았다. 따라서 구식민지 소유국은 과거와 같은 방식의 통치를 해나갈 수 없었다. 종래의 식민지 체제를 위기로 몰아넣은 이러한 민족해방운동은 아시아 전 지역에 걸쳐 일어났다. 베트남 역시 예외가 아니었다.

19세기 후반부터 프랑스의 식민지였던 인도차이나 반도의 베트남, 캄보디아, 라오스 3국 중 특히 베트남은 역사적으로 중국혁명의 영향을 가장 크게 받은 곳이다. 이미 프랑스 제국주의의 베트남 침입 시기(1847~1894)에 태평천국의 난에 가담했던 중국 민중과 베트남 민중이 상호 협력하여 투쟁했고 이는 20세기 초 쑨원(孫文)이 도쿄에서 활동할 때 베트남의 혁명지도자와 긴밀한 관계를 유지하는 것으로 이어졌다. 이후 호치민(胡志明)은 중국공산당과 밀접한 관련을 맺으며 프랑스와 미국의 제국주의자들과의 전쟁에서 종국적인 승리를 거두었다.

태평양 전쟁 중 일본군이 베트남을 침입한 후 일본과 나치 협력자인 프랑스 비시(Vichy) 정부는 협정을 맺고 베트남 민중의 해방과 자치의 열망을 억압했다. 그러면서 자국의 제국주의 이권을 계속적으로 확보하고자 했다. 이에 대한 저항은 1930년 2월 당시 베트남의 민족부르주아지가 주도한 옌 바이(Yen Bay) 반란으로 분출되었으나 성공을 거두지는 못했다. 이후 민족부르주아지는 민족해방운동의 주도권을 상실했다.

이후 베트남의 독립운동은 두 세력에 의해 추진되었다. 그 하나는 민족부르주아지에 의한 독립운동이다. 이 운동은 일본과 프랑스 제국주의를 타도하기 위해 미국과 결합하고자 했던 베트남국민당과 동맹회가 주도했다. 두 번째는 베트남공산당 세력이 주도하는 독립운동이다. 이들은 1930년대 초 이래 민족부르주아지로부터 독립운동의 주도권을 점차적으로 인계받아 1940년대에는 두드러진 성과를 거두게 된다.

그 즈음 베트남공산당의 주도권은 호치민이 장악했다. 그는 곧 특유의 유연하고도 강인한 혁명적 리더십을 발휘했다. 그는 1941년 5월 중국 광시성(廣西省) 류저우(柳州)에서 모든 혁명조직을 대표한 50인의 대의원으로 된 회의를 소집하고 베트남독립동맹을 결성했다. 흔히 월맹(越盟)이라고 부르는 이 단체는 모든 계급의 혁명세력을 총집결시켜 프랑스의 식민주의자 및 일본의 파시스트들과 투쟁하는 것을 목표로 삼았다.[47] 이를 기반으로 1944년 6월까지 모든 노동자 및 농민단체와 공산당, 민주당, 기타 사회당을 포함한 민족통일전선의 결성에 성공하게 된다.

베트남 민중은 태평양 전쟁 중 과감한 항일 게릴라전을 전개하면

---

47) 월맹에 의한 독립운동 지도는 농민구국회·노동자구국회·학생구국회 등과 같은 구국단체를 통한 간접적인 방식을 취했다. 유인선, 『베트남사』 (서울: 민음사, 1984), 275쪽 참조.

서 처음 북부 일부에서 시작된 저항 근거지를 점차로 확대시켰다. 전쟁 말기에는 북부 베트남 7개 성에서 해방구를 설치했다. 해방구는 군사적 근거지인 동시에 민중을 사상적으로 각성시키고 농촌혁명을 실행해 생산력을 해방시키는 조건을 조성하면서 독자적인 새로운 경제·사회·문화를 건설해 가는 근거지였다. 이러한 해방구를 중심으로 공산당 세력은 설치 초기부터 반제국주의 투쟁과 민주주의적 개혁을 강력하게 추진해 나갔다.[48] 1945년 초 발표된 베트남의 강령에서 두드러지게 나타났던 이러한 특징은 농업개혁과 식민지 잔재 청산 및 민주주의 정책 등으로 대표될 수 있다.

민족해방운동의 획기적인 진전과 나치 독일의 항복이 임박하자 일본은 국면전환을 모색했다. 일본은 1945년 3월 9일 그들이 사주한 쿠데타가 실패하자 프랑스 식민 통치기관을 폐쇄시키고 베트남

---

48) 프랑스 제국주의의 식민통치로 당시의 베트남 사회는 식민지반봉건사회에 머물러 농민이 전 인구의 90%를 점했다. 그러나 그들이 차지한 토지는 전체의 30%에 불과했으며, 나머지 70%의 토지는 소수의 프랑스인과 베트남 대지주의 수중에 놓여 있었다. 따라서 농민의 생활을 개선하며 생산력을 향상시키고 또한 이들을 반제국주의 전선에 참가시키기 위해 무엇보다 토지문제를 해결해야 했다. 호치민이 이끄는 공산당은 일찍이 1940년 광범한 통일전선을 건립 후 식민주의 통치를 무너뜨리고자 감조감식(減租減食)에 기반을 둔 토지정책을 작성했고, 이후 1945년 초 베트남 북부 해방구에서 이 정책을 시행하여 큰 효과를 얻었다. 윌리엄 J. 듀이커, 정영목 옮김, 『호치민 평전』(서울: 푸른숲, 2003), 420~512쪽 참조.

응우옌 왕조의 마지막 황제인 바오 다이(Bao Dai)를 수반으로 하는 괴뢰 정부를 수립한다. 이에 대해 베트남공산당은 3월 12일 베트남 민중의 우방처럼 행동하는 일본 제국주의자의 기만정책에 속지 않고 저항 운동을 강화하도록 촉구했다.

베트남 민족해방운동은 대중들 사이에 '노원(爐原)의 불'과 같이 번져나갔다. 해방군과 구국군이 통합하여 베트남인민해방군이 창설되었다. 그리고 '8월 혁명' 운동을 전개해 나갔다. 1945년 8월 9일 소련군의 대일 선전포고로 베트남의 혁명적 사태가 더욱 긴박해지자 북베트남 딴 짜오 지방에서는 인민대회를 개최했다. 이 대회에서 지방권력의 모태로서의 민족해방위원회를 설치할 것을 결의했고 나아가 무장봉기계획을 공산당에게 위탁했다. 이 대회가 끝남과 동시에 일본군의 항복 소식이 전달되는 것을 계기로 공산당은 총봉기 명령을 하달했다.

이때 베트남 민중은 각지에서 봉기하고 적의 무기를 탈취하기 시작했다. 그 전까지 괴뢰의 앞잡이 역할을 했던 보안대도 민중의 수중으로 편입되었다. 민중들은 1945년 8월 19일 주요 정부기관을 점령하여 권력을 접수했다. 8월 25일에는 일본의 앞잡이였던 바오 다이가 모든 권력을 공화국 임시정부에 이양하고 자신은 스스로 공화국 고문직에 취임한다는 성명을 발표했다. 나아가 8월 30일 최고권력을 상징하는 황금 보도를 넘겨주었다.

드디어 9월 2일 호치민은 하노이에서 베트남민족공화국의 창설을 선언하고 같은 해 말 국회의원 투표를 실시할 것을 결정했다.
이와 같이 과거 식민지 소유국인 프랑스가 베트남에서 다시 그
제국주의적 야욕을 드러내기 이전에 이미 베트남에서는 강력한
민족해방주의 권력이 수립되어 있었다.

이러한 베트남의 혁명적 정세에 고무된 라오스와 캄보디아에서도
역시 민족해방운동이 노도와 같이 일어났다. 라오스에서는 팻사랏
(Phetsarat) 왕을 지도자로 한 라오스독립위원회가 무장봉기를 일으켜
권력을 장악하고 임시항전정부를 수립했다. 그 후 친일세력인 시사
방(Sisavang) 왕을 폐위하고 1945년 10월 12일 독립을 선포했다. 캄보
디아에서도 베트남 8월 혁명의 영향하에 대중봉기가 일어나 민족해
방위원회가 조직되었다.

그러나 신생 민주공화국인 베트남민족공화국의 진정한 독립의
길은 순탄하지 않았다. 1945년 9월 23일 연합국의 결정에 의해
일본군 무장해제라는 명목으로 북위 16도선 이북에는 중국 국민당
의 정부군이 진주했다. 16도선 아래에는 영국군이 진입했다. 이후
영국군은 프랑스 제국주의자들을 돕기 위해 잔류한 일본군을 이용
하여 사이공 시를 비롯한 베트남 남부 인민위원회에 대한 공격을
감행하고 관련 지식인들을 체포했다. 그리고 9월 30일에는 르클레르
(J. Leclerc) 장군이 이끄는 프랑스군이 상륙했다. 이에 베트남 남부의
20개 인민위원회는 모두 지하로 잠입할 수밖에 없었다.49)

북부 베트남의 경우는 사정이 약간 달랐다. 이 지역에서는 미

제국주의자들에 의해 지원을 받는 중국국민당 정부군이 그들과 친밀한 민족부르주아지 당인 베트남국민당을 이용할 방편으로 베트남민주공화국에 대해 전면공격은 감행하지 않았다. 다만 그들이 데리고 온 다수의 무뢰한들을 동원하여 각지에 소요를 일으켰다.

이처럼 호치민 지도하의 베트남민주공화국 임시정부는 매우 어려운 상황에 직면했지만 대단히 유연한 전술을 취하며 난국을 타개해 나갔다. 먼저 1945년 11월 11일 베트남공산당은 정당으로서의 기능을 스스로 정지시키고 마르크스주의연구회로 변모한 후, 얼마 뒤인 12월 23일에서 다음 해 1월 6일 사이 남부를 포함한 모든 지역에서 전 인구의 90~95%가 참여한 총선을 치러낸다.[50]

---

49) 프랑스의 드골은 이미 1945년 3월 미국의 대사를 파리로 불러 다음과 같이 위협했다. "당신들의 목표가 무엇인가? 우리가 소련의 보호를 받는 연방국가의 하나로 전락해도 좋겠는가? 미국이 인도차이나에서 우리의 입장을 지지하지 않는다는 것을 프랑스 대중이 알면 실망감이 극에 달할 것이고 이후 사태가 어떻게 전개될지는 아무도 모른다. 우리는 프랑스가 공산국가가 되어 소련의 위성국가로 전락하지 않을 것이다. 당신들이 우리를 그쪽으로 몰아가지 않기를 바란다 ……." 미국은 이러한 상황을 충분히 이해했으며, 결국 베트남·라오스·캄보디아를 프랑스의 식민지로 계속 내버려 두기로 했다. 조너선 닐, 정병선 옮김, 『미국은 어떻게 베트남에서 패배했는가』(서울: 책갈피, 2004), 44쪽 참조.

50) 이는 1946년 1월의 제1차 전국인민대표대회를 소집하기 위해 베트남 역사에서 최초로 실시된 보통선거였다. 당시 선출된 총대표 330명은 지식인, 노동자, 농민, 상공업자, 각 민주당파 등으로 구성되었으며 여기

그리고 프랑스 제국주의에 대한 광범위한 저항운동을 수행하기 위해 1946년 5월 베트남국민연합을 주도적으로 결성하고 지식인, 민족자본가, 애국적 지주, 종교인 등 제국주의를 반대하고 공화국을 수호하려는 각계각층의 인사들을 결집시키는 데 성공한다. 한편 베트남 임시정부는 군대를 창설하고 1944년과 1945년의 흉작 구제를 위해 전력을 다했다.

그동안 프랑스는 캄보디아와 라오스의 봉건 상층부와 동맹을 결성했다. 이와는 대조적으로 철저한 탄압을 받은 진정한 민족해방 세력은 지하로 잠입할 수밖에 없었다. 이에 고무된 프랑스는 보다 적극적으로 베트남에서의 제국주의적 침략을 도모하게 된다. 1946년 2월 28일 프랑스와 당시 수세에 몰린 중국 국민당 정부는 협정을 맺고 중국군의 철수에 합의했으며 며칠 후 3월 2일에는 중국 국경지역을 통해 프랑스군이 베트남 북부로 진주할 수 있도록 하는 조약을 체결했다.

1946년 3월 26일 프랑스는 베트남 임시정부와 체결한 예비협정 및 '하노이 협정'에 따라 베트남 임시정부가 자신의 정부, 의회,

---

에서 1946년 3월 2일 제1차 전체회의를 열고 호치민을 주석으로 하는 중앙정부를 선거했다. 또한 이 회의에서 베트남민주공화국 임시정부를 항전연합정부로 개칭했다. 그해 10월에는 제2차 전체회의가 소집되어 베트남민주공화국 헌법을 통과시켰다. 유인선, 『새로 쓴 베트남의 역사』 (서울: 이산, 2002), 380~399쪽 참조.

군대 및 재산권을 소유하고 프랑스연합의 일원으로서 베트남연방이라는 하나의 국가라는 것을 인정하도록 했다. 또한 프랑스 점령하에 있는 남부 공화국의 재합병 문제를 국민투표에 맡기기로 합의했다. 이에 대해 베트남 임시정부는 프랑스군이 국제협정에 따라 중국군과 교체할 때 이를 우호적으로 대하도록 하는 데 동의했다.

그러나 베트남 측은 이러한 협정이 프랑스가 북부 베트남에 대규모 공격을 가하기 위한 시간 벌기용이라는 사실을 몇몇 정보와 관련 징후를 통해 간파했다. 따라서 그해 7월 26일 호치민은 한편으로 프랑스와 회의를 하고 다른 한편으로 코친차이나에 괴뢰정부를 수립하면서 협정을 고의로 파기했다. 그러나 얼마 가지 않아 전쟁의 확대를 피하고 평화를 유지하기 위해 호치민은 회의 재개를 약속하는 '파리잠정협정'에 조인하게 된다.

이와 같은 어려운 상황하에서도 베트남 임시정부는 1946년 10월 헌법을 채택하고 소작료 반감, 고리대금 금지, 인두세 폐지, 농촌공동체의 토지분배, 공업생산 촉진 등의 국내경제정책을 수립하여 인민민주주의제도를 정착시켜 나갔다. 그러나 이에 대해서 미국의 제국주의자들의 지원을 받던 베트남국민당과 동맹회는 호치민의 행동을 좌익이라고 비난했다. 특히 동맹회는 10월 난징(南京) 주재 미 대사관의 지원하에 반정부폭동을 계획했다가 실패하자 베트남을 탈출, 중국으로 도피했다.

1946년 12월 16일이 되자 프랑스는 과거의 모든 약속을 깨고 베트남공화국에 대해 공공연한 식민지 전쟁을 개시한다. 프랑스와 베트남 간의 전쟁 초기에는 충분한 준비와 군사적 우위를 점한 프랑스가 쉽게 승리를 거둘 것으로 예상했다. 그러나 이후 8년 동안의 전사(戰史)는 정반대의 결과를 보여준다. 호치민이 이끄는 베트남 공산군은 이미 1947년 가을 게릴라전을 본격화함과 아울러 기동전을 수행하게 된다. 그 결과 1950년 가을에는 북동부 국경지대 6개주를 해방시켰으며 1951년 여름에는 다이라 지역까지 진출하게 되었다.

베트남공산당의 투쟁방침은 민주적 개혁을 통해 토지 생산성을 증대시키는 것이었다. 예컨대 1951년 253,882헥타르의 토지가 422,643명의 무토지 농민들에게 분배되고 지대는 25% 인하되었으며 농민들에게는 적극적인 대부를 시행했다. 이러한 일련의 조치로 군사력이 어느 정도 상호 균형을 이루게 되자 베트남 공산군은 프랑스군에 대한 전면적인 총반격을 시도한다. 1954년 5월 디엔비엔푸에서의 대승리는 공산당 투쟁사에서 결정적인 의미를 갖는 전투였다. 이 전투에서 프랑스군은 387,000명의 병력을 동원했으며 총 11억 파운드의 전비를 지출했으나, 결과는 참담한 패배 그 자체였다.

라오스에서도 1945년 라오 이사라(Lao Issara) 해방위원회의 지도하에 라오스 인민해방군을 위시한 다양한 민중조직이 생겨났다. 1950년 8월에는 라오스 제1차 국민대회가 소집되어 라오스민족통일전선을 결성하고 민족항전정부를 수립했다. 캄보디아의 경우, 1948년에는 전국 각지에서 항전 근거지가 계속 조성되고 있었으며 1950년

4월에는 인민대표전국위원회가 소집되어 민족해방위원회 주석 손응옥민(孫玉明)의 지도하에 크메르민족통일전선이 결성되었다. 라오스인민해방군은 1954년 초 전체 인구 3분의 2 이상을 해방시켰으며 캄보디아인민해방군도 인구 4분의 1을 점한 지역을 해방시켰다.

베트남민주공화국에서는 군사적 승리와 더불어 1951년 2월에 베트남 노동당이 결성되고 리엔베트 전선도 구성했다. 또한 분열을 목표로 한 제국주의자들의 책동에 대항해서 다음 달 3월에는 베트남, 라오스, 캄보디아의 3국 통일전선이 결성되었다. 베트남민주공화국은 이 당시 전 국토의 95%를 자기 지배하에 두게 되었으며, 이 민주공화국을 소련은 1950년 1월 5일, 중화인민공화국은 얼마 뒤인 1월 18일 승인했다.

한편 미국은 중국에서 마오쩌둥(毛澤東)이 지휘하는 공산당의 승리가 점점 굳어지자 충격을 받고 1947년부터 베트남의 정세에 비상한 관심을 가지게 되었다. 미국은 1947년 말 베트남에 특사를 파견하고 1948년 5월에는 살랑(R. Salan)을 수반으로 한 프랑스 괴뢰중앙정부를 조종했다. 또한 1949년 3월 8일 프랑스와 베트남 간의 협정 체결을 유도하면서 이내 중국에서 프랑스로 도망갔던 바오 다이를 다시 내세웠다. 1950년 초부터는 남부 베트남에 원조를 더욱 강화했다. 특히 한국전쟁 후 트루먼 대통령은 성명을 통해 세계의 헌병 역할을 자처하면서 베트남민주공화국의 압살정책을 공언했다.[51]

한반도 휴전 이래 미국의 베트남민주공화국 침략에의 집념은

더욱 강화되었다.[52] 그러나 프랑스 대리인으로서 적극적으로 그
전장(戰場)에 개입하려는 시도는 평화를 희구하는 세계인의 여론과
미국과 프랑스 간의 의견대립 때문에 좌절되었다. 또한 프랑스 내에

---

51) 일찍이 1950년 5월 미 국무성은 다음과 같은 주장을 한다. "소련 제국주
    의가 지배하는 어떠한 지역에서도 국가독립이나 민주적 발전은 있을
    수 없다고 확신한 미국 정부는 인도차이나 상황이 인도차이나 연합국들
    과 프랑스에 경제원조 및 군사장비의 제공을 정당화할 정도인 것으로
    간주하는 바, 이것은 그들이 안정을 회복하고 평화적이고 민주적인 발전
    을 추구하도록 원조하기 위함인 것이다." Department of State, *Bulletin*,
    May 22, 1950, p. 821 참조. 김영흠·박무성 외 역, 『미국의 아시아외교
    100년사: 20세기 미국·아시아 관계』(서울: 신구문화사, 1988), 267~268
    쪽에서 재인용. 1953년 기준으로 미국은 베트남에서 프랑스 군대가 사용
    한 무기와 탄약의 대부분을 공급했고 전쟁비용도 3분의 2가량을 지원하
    고 있었다. 조너선 닐, 『미국은 어떻게 베트남에서 패배했는가』, 85쪽
    참조.
52) 미국의 지원과 마찬가지로 중국 등 사회주의 국가의 지원 역시 한국전쟁
    의 종전 이후 급증했다. Zhang Shu Guang, *Deterrence and Strategic Culture:
    Chinese—American Confrontations, 1949-1958*(Ithaca: Cornell University Press,
    1992), pp. 173~182 참조. 또한 베트남과 프랑스 사이의 전쟁과 관련
    중국의 역할을 전반적으로 서술한 다음 저술 참조. Chen Jian, "China
    and the First Indo-China War, 1950-54," *China Quarterly* #133(Mar. 1993)
    및 Qiang Zhai, "Transplanting the Chinese Model: Chinese Military Advisers
    and the First Vietnam War, 1950-1954," *Journal of Military History* 57(Oct.
    1993).

서의 '더러운 전쟁'의 종식을 요구하는 국민들의 베트남전 종결을 요구하는 목소리는 프랑스 정국을 뿌리부터 흔들어 정치위기의 중요한 원인이 되었다. 이제 베트남민주공화국의 진정한 독립과 평화를 기대할 만했으나 여전히 넘어야 할 산은 많았다.

제 2 편

중국 내전과 미국의 대화정책

제1장 중국혁명의 진전

1. 민족해방운동과 국민당 정부의 대립

일본 제국주의가 패망함으로써 중국 독립의 최대의 장애물이 제거되었다. 과거 제국주의적 침략의 선봉장인 영국은 제2차 세계대전의 전 기간을 통해 중국에 대한 지배력을 완전히 상실했다. 따라서 1945년 8월의 상황이 민주세력의 대내적 진전과 민족해방운동의 대외적 조건을 유리하게 이끌 수 있는 절대적 계기를 만들어냈다. 대전 중 항일전의 최선두에 나섰던 중국공산당의 지도세력은 반제 반봉건적 저항과정에서 역시 획기적인 세력 신장을 할 수 있었다. 그 결과 1937년 10만에 불과하던 팔로군과 신사군은 여타의 항일

무장세력을 결합하여 1945년 3월에는 이미 정규군 91만, 민병대 200만을 보유한 거대한 군대의 위용을 갖추게 된다. 그리고 중국 인민해방군은 8년 동안의 대일항전을 통해 총 446만 명의 사상자를 내며 귀중한 희생을 치렀다.

지리적으로 중국공산당은 화베이(華北)지역을 중심으로 북으로는 만주, 남으로는 하이난 섬[海南島]에 이르기까지 전 국토의 31%에 해당하는 250만 km², 인구 9,500만의 지역을 해방시켰다. 해방구(解放區)라고 지칭된 이 지역에서는 노동자, 농민, 중소 농공인, 지식인, 애국지사 등 일체의 반일세력을 총집결시켜 3·3제에 기초를 둔 민주연합정부를 수립하면서 자체 내 신민주주의를 실현시켜 나갔다.[1] 과거 중국의 민중은 '흩어진 모래알'이라고 불렸다. 그러나

---

[1] 중국의 해방구는 1927년 가을 화난성(華南省)과 장시성(江西省) 경계의 징강산(井岡山)에 최초의 무장혁명 근거지가 탄생된 이래 마오쩌둥의 중국혁명 전략사상에 근거하여 유격전쟁 전략기지로 농촌지역에 건설되어 온 특정지역을 일컫는다. 이곳에서는 제국주의·반동파의 군사적·정치적 세력이 소멸되고 중국공산당 지도 아래 노동대중이 무장하고 인민정권을 조직했다. 3·3제란 중국공산당이 1940년부터 채택한 변구(邊區) 각급 정권기관의 조직 원칙으로, 변구 정권조직에 있어서 공산당은 3분의 1의 의석을 차지하고 다른 당파 및 무소속의 진보세력 3분의 1, 중간세력에 속한 자 3분의 1이라는 비율을 정한 것이다. 각 변구는 모두 1940년 이래 순차적으로 이와 같은 3·3제를 제도화해 나갔다. 항일전쟁 시기 중국의 혁명운동 방식 및 지도층의 인식에 대해서는 『중국혁명론』(서울: 범우사, 2004) 참조.

이제 중국 민중은 각종 형태의 대중조직을 통해 군사·정치·경제의 모든 사업들에 능동적으로 참가하면서 제국주의 세력에 대한 튼튼한 방비를 갖추어 나갔다.

당시 해방구를 방문한 외국인들, 특히 미국인 관찰자의 대부분은 이곳의 급격한 발전에 놀라지 않을 수 없었다. 일본군의 엄중한 포위와 이렇다 할 근대적 공업시설의 미비라는 불리한 물리적 환경에도 불구하고 중국 내 다른 지역과 비교할 때 공동체의 발전 정도는 가히 비약적이라고 할 수 있었다. 그리고 이 기적은 당시 미국 부통령인 월리스도 인정한 것처럼 아주 '단순하고 기본적인 것'에 그 원인이 있었다. 즉 이는 마오쩌둥이 이끄는 반제반봉건 운동에 대한 대중의 적극적 지지와 참여였다.

1945년 반파시즘 연합군의 결정적인 승리와 중국 민중의 총 반격을 목전에 두고 마오쩌둥은 '연합정부론'를 창안하고 전후 건설의 기본 방향을 제시했다. 민주주의를 기초로 한 국민대회를 소집하고 광범위한 각 당파 및 무(無)당파의 대표적 인물을 총망라한 연합적 성격을 띤 민주적인 통일정부를 결성하여 중국의 독립, 자유민주적 통일, 부강한 신중국의 건설 등을 추구할 것을 촉구했다.

마오쩌둥이 계속 경고한 바와 같이 당시 시대에 역행하는 사고방식을 가지고 있던 것은 국민당 정부의 지배층이었다.[2] 일찍이 1944

---

2) 일례로 1945년 8월 13일 마오쩌둥은 당시 정세에 대한 연설에서 다음과

년 9월 재중(在中) 미군사령관이자 장제스의 고문인 스틸웰(J. W. Stilwell) 장군은 국무부에 보낸 보고서에서 다음과 같은 내용을 기술했다.

장제스는 더 이상 작전 수행에 노력할 의사가 없다. 과연 그가 진정한 민주제도를 건설하려고 하는가? 본관의 견해로 그는 차관과 전시원조물자를 짜내어 전쟁을 지연시켜 나갈 심산뿐이다. 또한 일당(一黨)정부의 반민주정책의 기초 위에 그리고 비밀경찰의 적극적인 활동을 통해 민주세력들에 탄압을 가하고 자기의 현 위치를 견고히 구축하려는 것만이 그의 목적이다.3)

같이 말하고 있다. "전반적인 정세로 보아 항일전쟁의 단계는 지나갔다. 새로운 정황과 임무는 국내투쟁이다. 장제스가 '나라를 세우겠다'고 하니 금후의 투쟁은 어떤 나라를 세우는가 하는 투쟁이다. 무산계급이 영도하는 인민대중의 신민주주의적 국가를 세울 것인가? 그렇지 않으면 대지주, 대자산 계급이 독재를 하는 반식민지 반봉건적 국가를 세울 것인가? 이는 매우 복잡한 투쟁으로, 현재 이 투쟁은 항전 승리의 열매를 탈취하려는 장제스와 그 탈취를 반대하는 우리와의 투쟁으로 표현되고 있다. 만약 이 시기에 기회주의가 있다면 그것은 전력을 다하여 투쟁하지 않고 인민이 가져야 할 열매를 자진하여 장제스에게 넘겨주는 데서 표현될 것이다." 연변대학 통신학부·마레학부, 『국제공산주의 운동사 (하)』, 6II쪽 참조

3) 이 시기 미국의 장제스 정권에 대한 군사적 실망은 Odd Arne Westad, *Cold War and Revolution: Soviet—American Rivalry and the Origins of the Chinese Civil War, 1944-1946*(New York: Columbia University Press, 1993),

이 시기 '4대 가족(四大家族)'의 활동에 특히 주목할 필요가 있다. 4대가족이란 중국 국민당 정부 시대 경제를 독점적으로 지배한 장제스·쑹즈원(宋子文)·쿵샹시(孔祥熙)·천리푸(陳立夫) 등의 네 가문(家門)을 말한다. 장제스의 부인과 쿵샹시의 부인이 모두 송자문의 자매였고, 천리푸는 장제스과 같은 성(省)의 사람으로 장제스의 상사(上司)였던 천치메이(陳其美)의 조카뻘이었다. 이러한 혼인과 지연관계로 인한 사적인 인적 결합이 장개석 정치권력의 동력이었고 역으로 이 사적 결합은 장제스 권력의 힘으로 계속 유지될 수 있었다.

그들은 1928년에 신설한 정부은행인 중앙은행과 국가자본의 증식으로 실질상 관료자본화한 2대 민간은행인 중국은행·교통은행 및 1935년에 설립한 중국농민은행 등 4개 은행과 지방 금융의 집중적 독점화를 도모했다. 그 힘으로 1930년대에 우정저금회업총국(郵政儲金滙業總局), 신탁사업의 독점체인 중앙신탁국 등 2국(局)으로 소위 '4행 2국' 체제라는 국가관료 독점자본의 지배체제를 완성시켰다. 1935년 11월에 실시한 화폐제도 개혁은 이 지배체제를 공고화시키는 결정적 수단이었다. 4대 가족은 국가권력을 최대한으로 이용하여 관료자본의 독점체제를 구축하는 한편, 그것을 기초로 해서 중·경공업, 농촌금융 등 다른 산업부문도 지배해 나갔다.

이렇듯 일본군의 항복 전까지 자신의 이해만을 도모한 장제스의

---

pp. 32~36, 173 등에 자세히 소개되어 있다.

국민당 정부는 항일전 초기 획득한 민중의 지지를 급격하게 상실해 갔다. 특히 민족자본가, 소시민, 지식인 및 지방 장령(將領)의 이탈이 현저하게 나타났다. 1944년 말 루즈벨트 대통령에 의해 장제스의 고문으로 임명된 넬슨(A. Nelson) 박사는 국민당 정부 치하의 산업에 대해 "생산능력이 겨우 3~7%밖에 가동되지 못하고 있다"라고 보고 했다. 그 이유로 그는 '당내 관료의 부패, 각 파벌 간의 반목, 원료의 이용보다는 투기를 통해 보다 큰 이윤을 얻으려 하는 점' 등을 들었다.

사실 장제스를 필두로 한 4대 가족 등 당시의 지배세력이 미국이 제공한 군사원조물자를 횡령하고 권력의 힘을 빌려 공짜나 다름없는 아주 싼 값으로 공출받은 원료를 대규모 투기에 전용했다. 그 결과 중국 국내에는 인플레이션이 심화되고 민족자본가와 소시민의 경제생활은 파탄에 이르렀다.

중국 인민해방군이 일본과의 전투로 막대한 희생을 치르고 있을 때 국민당의 일부 지방군은 오히려 전쟁 수행 자체를 포기하는 사태마저 발생했다. 이러한 상황에 반발하여 많은 지식인과 학생들은 국민당 정부의 항전 거부 움직임 및 사상탄압에 신랄한 비판을 가하기 시작했다. 민주정당동맹은 바로 이와 같은 요구를 결집하고 반영시키기 위해 새로이 1944년 민주동맹으로 개칭하고 즉시 연합정부를 수립하여 민주개혁을 단행하도록 요청했다.

이 동맹은 조직도 약하고 군대도 없었지만 구성원의 대부분이 저명한 지식인 및 실업가들이었기 때문에 국민당 정부의 탄압에도 불구하고 급속히 그 영향력이 확대되었다. 당시 한 외국인 관찰자는 "만약 지금 중국에서 자유선거가 실시된다면 최소한 득표의 75%~85%가 반정부 측에 표를 던질 것"이라고 말한 바 있다. 항전 말기 국민당 정부는 정치·사회·경제적으로 중국을 혼란 속으로 계속 밀어 넣고 있었다.

장제스는 사회적 요구를 묵살하고 정책 개선을 통한 중간층의 지지 회복 역시 거부했다. 오히려 그는 1945년 5월 중국국민당 육전대회에서 "고립되면 고립될수록 독재를 강화하고, 필요하다면 무력에 호소하더라도 모든 정치 반대자들을 제거해 버릴 것이다"라는 결의를 피력했다. 또한 "중국공산당과의 투쟁에서 타협의 여지는 없다. 오늘 우리의 급선무는 우리당의 단결을 굳건히 하고 중국공산당에 대한 투쟁 체제를 강화하기 위해 투쟁 우위의 조건과 환경을 구축하는 것"이라고 밝혔다.

그러나 1927년에서 1937년에 이르는 10년간의 전쟁 이래 국민당 정부가 항상 월등한 힘으로 무력 공격을 감행했지만 결국 민족해방군을 격파하지 못했다. 그럼에도 불구하고 장제스가 이러한 무모한 결의를 하고 이를 실현할 수 있었던 것은 바로 전쟁 초기부터 전후까지 워싱턴이 일관되게 추진해 온 군사 및 경제 원조에 기인한 것이었다.

2. 미국 대화정책의 전환

미국 대화정책은 1944년 말 스틸웰 장군과 가우스(C. E. Gauss) 대사의 해임과 웨드마이어(A. C. Wedemeyer) 장군 및 헐리(P. J. Hurley) 대사의 취임을 계기로 전환의 조짐이 보이기 시작했다. 일찍이 스틸웰 장군은 중국국민당 정부의 무능을 계속 지적하면서 장제스와 불화의 골이 깊어졌다. 또한 미·중 연합군과 버마 게릴라군을 동원하여 '버마 루트'[4]를 일본군으로부터 탈환하려 한 그의 전략에 대해 영국군 동남아시아사령관인 마운트배턴(L. Mountbatten) 장군은 강경하게 반대했다. 그의 '후방의 의견'에 따르면 "먼저 연합군 해공군에 의해 일본군 항복을 강요하고 이후 일본군 점령지역에 대한 정치적 상황을 염두에 두지 말고 수복에만 전력을 다할 것"을 희망했다. 또한 미국 공군 제14단 사령관인 셴놀트(C. Chennault) 장군은 공중전이 전쟁을 끝낼 수 있는 결정적인 요인이라며 스틸웰 장군의 육군 위주의 전략을 반박했다. 또한 이 당시 루즈벨트 대통령의 개인

---

4) 1942년 일본군은 충칭(重慶)에 도달되는 군수품 운송로인 버마 루트를 차단하려는 의도로 버마에 대한 공격을 감행했고 연합국은 이에 대해 스틸웰 장군의 책임하에 일본군의 공격을 저지하는 군사작전을 펼쳤으나 실패했다. 작전실패를 둘러싸고 스틸웰과 장제스의 의견이 충돌했고 이를 계기로 두 사람의 갈등이 노골화되었다. 김영흠·박무성 외 역, 『미국의 아시아외교 100년사: 20세기 미국·아시아 관계』, 197~200쪽 참조.

특사로 총칭(重慶)에 도착한 헐리 역시 장제스 등의 요구에 찬성하여 대통령에게 "만일 귀하가 이러한 다툼 속에서 스틸웰을 계속 지원한다면 장제스를 잃을 뿐만 아니라 그와 더불어 중국도 잃을 것"이라고 충고했다.

연합국 측 내부에조차 스틸웰 장군에 대한 비판의 목소리가 높아지자 결국 루즈벨트 대통령은 그를 소환했다. 그런데 스틸웰의 해임은 당시 중국국민당과 중국공산당의 관계에 있어서도 큰 반향을 불러일으켰다. 왜냐하면 그의 일관된 방침은 일본군을 가능한 한 빨리 격멸시키는 것을 목표로 삼고 중국의 힘을 하나로 결집시키기 위해서 '국공화해통일(國共和解統一)'을 추구하는 것이었기 때문이다.5)

이 시기의 미국의 정책과 관련해서 간과할 수 없는 중요한 사실은 워싱턴의 정책결정자들이 미 독점자본의 이익 추구를 항상 염두에 두었다는 점이다. 1944년 봄 당시의 미국 부통령 월리스는 「태평양에서 미국이 해야 하는 일」이란 팸플릿에서 다음 내용을 기술했다.

우리들에게 완전한 투자 그리고 세계 무역의 촉진이라는 관점에서, 세계의 오래된 지역에만 투자를 국한시킬 것이 아니라 인구가

---

5) 스틸웰 장군과 미-중 관계에 대한 보다 자세한 사항은 Barbara W. Tuckman, *Stilwell and the American Experience in China 1911-1945*(New York, Macmillan, 1971) 참조.

증가하고 새로운 자원이 개발되고 있는 개척지에 투자하는 것이 훨씬 현명할 것이다. 그러한 관점에서 아시아에서의 미국의 투자는 의심할 여지가 없다. 전 세계 인구의 절반을 점하고 있는 10억 인구의 생활수준이 급속히 상승되도록 유도하여 미국뿐만 아니라 세계적 수준의 평화와 경영에 대한 중요한 힘을 발현시켜야 한다. 전후 아시아는 자본과 기술원조를 요구할 것이다. 미국이 필요로 하는 것은 우리들의 증대해 가고 있는 심대한 생산력을 최대한으로 이용하는 것이다. 한층 확대되고 있는 미국의 생산능력과 비좁은 시장과의 모순에 대해 구원의 손길을 뻗쳐나가기 위해 이 지역에서 일본 제국주의를 몰아내야 하며 과거 1세기 동안 중국을 독점했던 영국의 제국주의를 견제하는 것 또한 급선무이다.

스틸웰 시대의 대화정책 역시 이러한 제국주의 경쟁자들을 배제하는 것을 주 과제로 삼아왔다. 그러나 그의 정책은 미국 내의 반제국주의 세력의 적극적인 비판과 소련 및 아시아 민족해방 세력들의 적대적 태도를 감안하여 내정간섭 의도를 표면적으로는 드러나지 않도록 세심한 주의를 기울였다. 군사전략 면에서도 일본 본토 공격을 앞두고 미군 장병 '100만 이상의 희생'을 염려하면서 소련의 대일참전을 요구했다. 이러한 상황과 때를 같이하여 항일전의 최선두에 섰던 화베이(華北)의 팔로군은 반파시즘 해방연합군과 공동으로 일본군 주력을 괴멸하는 데 궁극의 노력을 다했다. 결국 스틸웰 시대 미국의 정책방향은 당시 상황에서 불가피하게 반파시즘 연합전선을 유지하지 않을 수 없었으며 공산당을 포함한 전체 민족해방 세력의 위치를 인정할 수밖에 없었다. 따라서 내정불간섭의 입장은 지켜져야만 했다.

미국 내 독점자본가를 필두로 한 극우파는 그러나 이러한 정책에 대한 수정을 노골적으로 요구했다. 그들은 중도정부의 항일전을 뒷받침할 뿐만 아니라 중국 국내문제에 있어서도 적극적으로 국민당을 지지해야 한다고 주장했다. 또한 같은 맥락에서 미국의 지배적인 정책이 국민당에게 무제한의 지지를 부여하는 것은 힘들지라도 상당한 경제·군사적 원조를 일관되게 부여해야 함을 강조했다. 즉 이 당시 장제스는 스틸웰 등의 엄중한 비판을 받아들이지 않으면서 대부분의 원조를 독점하고 보전할 수 있는 워싱턴 내부의 동조세력을 확보하고 있었다. 1944년 국민당 정부의 와해 조짐이 나타나자 미 독점자본은 점차적으로 루즈벨트 대통령의 뉴딜정책에 압력을 강화하면서 국민당 정부의 지도력을 강화시킬 것을 끊임없이 주문했다.

이러한 상황하에 미국 행정부의 정책에서도 새로운 움직임이 출현했다. 1944년 11월에 국무성은 다음과 같은 의견을 제출했다.

우리들은 장제스를 버려서는 안 된다. 얻는 것보다 잃는 것이 더 많기 때문이다. 그러나 우리들은 현실적이어야 한다. 지금 파산 직전에 놓여 있는 정부에 모험을 걸어서는 안 된다. 만약 소련이 태평양전쟁에 참가하게 된다면 우리들은 중국공산당을 소련 측에 서도록 태만하게 방치하기보다는 오히려 중국공산당을 정치적으로 붙들어 매기 위해 필요한 노력을 기울여야 할 것이다. 우리들은 국(國)·공(共) 어느 쪽을 지지할 것인가에 대해 신중해야 한다. 현재 중국의 권력은 장제스로부터 중국공산당 측으로 기울어지고 있다. 또한 만약 소련이 화베이(華北) 및 만주에 진공하게 될 때 중국공산당이 우리 편으로 돌아설 것이라는 막연한 기대는 명확한 잘못이다. 그러나 우리들은 군사물자와 보급 및 전후의 원조를 조절함으로써 민족주의세력을 소련의 지배로부터 독립된 방향으로 돌아서게 할 수 있을지도 모른다. 민족해방세력의 승리가 불가피하다는 것에 확신을 가지고 중국공산당 내부에 민족주의세력을 구축하여 이 세력을 소련권 내로부터 이탈시키는 정책을 진행시켜야 한다.

그 당시 워싱턴 내부의 일부 보수파들은 중국의 봉건세력을 자본주의세력으로 전환시켜 민족해방세력의 새로운 지도층으로 만들어야 한다는 주장을 전면적으로 제기하기 시작했다. 이러한 미국 내 극우파의 요구는 당시의 시대적 상황과 결합되어 점차적으로 중국에 대한 '노골적 내정간섭'을 주목적으로 하는 외교정책을 추진해 나갔다. 그리고 중국에 새로 파견된 웨드마이어와 헐리는 이러한 중국정책의 집행자들이었다.

1944년 11월 대사로 취임한 헐리는 마오쩌둥과 자신이 제안한 민주연합정부 관련 5개 조항에 공동 서명했다. 그러나 장제스가 이에 대한 거부를 분명히 하자 헐리는 그 안을 포기할 수밖에 없었다.6) 이와 관련해서 미국의 극우파는 전 아시아에서 가장 큰 위협은 공산위협이고 따라서 중국공산당의 요구에 양보한다는 것은 백해무 익하다면서 장제스의 입장을 옹호했다. 결과적으로 이 당시 워싱턴 은 미국의 군사원조는 엄격하게 전적으로 중도정부에만 국한해야 한다는 장제스의 주장에 굴복하고 동의한 셈이다. 헐리는 자신의 구상을 행동으로 옮기지 못한 채 1945년 8월까지 기다릴 수밖에 없었다.

6) 헐리와 마오쩌둥이 체결한 5개 조항의 내용은 다음과 같다. ① 정부
·국민당·공산당은 일본의 즉각적인 패배와 중국의 재건을 위한 군사력
의 통합을 이루는 데 협력할 것, ②장제스의 정부는 모든 파벌들의 대표자
로 이루어진 연립국민정부로 재조직될 것과, 통일국가 군사위원회는
모든 항일 군대의 대표자들로 구성될 것, ③ 연립국민정부는 진보와 민주
주의를 촉진시킬 것이고, 인권 옹호와 같은 모든 민주적인 원칙들을
보증할 것, ④ 외국인에 의해 확보된 군수품은 연립국민정부의 지휘와
통제하에 모든 군대에게 공평하게 분배할 것, ⑤ 연립국민정부는 국민당
과 공산당, 그 밖의 모든 항일 단체의 합법성을 인정할 것 등이다. 이에
대해 장제스는 다음 3개항의 반대 제안을 하면서 실질적으로 거절했다.
① 국민당 정부는 중국 공산군을 국민군에 편입시켜 재조직한 후 중국공
산당에 대한 합법적인 승인을 부여하는 데 동의할 것이며, ② 공산당은
당면한 전쟁 노력과 전후의 재건에 국민당 정부를 충분히 지원할 것이며,
국민당 정부에게 모든 군대의 통제권을 양도할 것, ③ 공산당이 동의하는
국민당 정부는 민주정부를 수립하기 위해 쑨원의 3민주의(민족·민권
·민생)를 이행할 것 등이다. 김영흠·박무성 외 역, 『미국의 아시아외교
100년사: 20세기 미국·아시아 관계』, 203~204쪽 참조.

헐리는 표면적으로는 상호 조정적인 태도를 취하고 있었지만 실제는 전 주중(駐中) 대사인 가우스보다 훨씬 극우 편향적인 인물이었다. 그는 장제스에게 "국민당 정부는 정치적으로 양보함으로써 인민해방군의 지배권을 탈환하기 위한 과도기를 단축할 수 있다"라고 전하면서 그의 공개적인 행동이 일종의 전술임을 숨기지 않았다. 실제적으로도 이후 국공 간 조정시기를 보면 중국 인민해방군에 대한 원조는 일체 없었고 국민당 정부에게만 일방적이고 무조건적인 원조가 행해졌다. 결과적으로 이러한 미국의 태도 때문에 장제스는 미국의 강력한 계속적 지지를 확신했다. 이때부터 그는 독재정권 유지와 강화를 위해 대일전(對日戰)보다는 인민해방군과의 내전 수행에 역점을 두기 시작했다.

3. 마셜 조정과 내전의 확대

일본군의 항복에 즈음하여 장제스는 중국 민중의 고난에 찬 투쟁의 성과를 탈취하기 위해 전력을 기울였다. 1945년 8월 9일 소련의 대일전 참전과 동시에 각지의 인민해방군과 지방 유격대는 피점령 지구 회복을 목표로 일제히 군사행동을 개시했다. 중국 인민해방군은 종전 당시 일본군의 69%, 만주군의 95%와 대치하고 있었기 때문에, 일본군 항복을 전후하여 해방구는 급속히 확대해 갔다. 오지에서 안전하게 은신하고 있던 장제스는 이러한 상황에 직면하여 시간을 벌기 위해 국공회담을 제안하고, 동시에 팔로군 총사령관인 주덕에게 '주둔군의 주둔지 이동과 일본군 항복 후의 무기해제금지령'을 내렸다. 인민해방군이 이 명령을 거부하자 당황한 장제스는 일본군과 만주군에게 국민당 정부군이 현지에 도착할 때까지 점령지를 확보하고 인민해방군의 접수에 무력으로 저항할 것을 요청했다.

이러한 상황하에서 중국 각지에서는 인민해방군과 국민당 정부군 병력 간에 무력충돌이 발생했다. 무력 대립 양상이 점차 치열해져 대규모 충돌사태에 직면하자 중국 민중의 내전반대 목소리도 그만큼 높아졌다. 인민해방군 내부에서도 대규모 무력충돌은 시기상조라 판단하여 1945년 8월 25일 중국공산당 중앙위원회는 다음을 내용으로 한 '시국선언문'을 발표했다.

해방구의 인민 및 군대를 승인하고 해방구를 포기하여 이에 공격을 가하고 있는 국민당 정부군의 군대를 철수하게 하고 즉시 평화를 실현시켜 내전을 피하고 평화를 유지할 것.

팔로군(八路軍), 신사군(新四軍), 화난항일종대(華南抗日縱隊)에 의하여 일본군을 처리할 '일절의 공작에 참가할' 권리를 부여하고 공평한 태도를 표할 것.

한간(漢奸)을 엄벌에 처하고 만주괴뢰군을 해방시킬 것.

공평하고 합리적으로 군대를 개편하고 동포의 구제 및 조세의 경감 등을 시행하여 백성들의 고통을 덜어줄 것.

각 당파의 합리적 지위를 승인하여 인민의 집회, 결사, 언론,

출판의 자유를 억압하는 일체의 법령을 취소하고 특무기관(特務機
關)을 해산하여 애국적인 정치범을 즉시 석방할 것.

　즉시 각 당파 및 무당파(無黨派)의 대표를 소집하여 항전 종료
이후의 중요문제를 토의하고 민주적 시정강령을 제정할 것.

　훈정(訓政)을 종식시키고 거국일치 민주연합정부를 수립하여 자
유롭고 구속 없는 보통선거에 의한 국민대회를 준비할 것.7)

　마오쩌둥은 1945년 8월 28일 헐리와 국민당 정부의 예상을 뒤엎고
자신이 직접 충칭(重慶)으로 가서 국민당 대표와 한 달간 회담을
계속했다. 그 후 같은 해 10월 10일 양측은 인민군 개편과 해방구의
민선정부 승인문제를 미해결로 남겨놓고 내전의 중지, 전 당파가

---

7) 이상의 시국선언문에서, 팔로군(八路軍)은 정식명칭이 '국민혁명군 제8로
군'이며, 1927년 난창(南昌) 폭동 때는 홍군(紅軍)으로 불렸다. 제2차 국공합
작(國共合作) 후에 국민혁명군 제팔로군으로 개칭하고 항일전의 최전선을
담당한 부대이다.
　신사군(新四軍)은 1938년에 중국의 국공합작 이후 편성된 중국공산당
지휘 아래 있던 군부대로서, 형식적으로는 중국 국민정부군 편제에 속해
있었으나 조직은 중국공산당의 주력군이었다. 팔로군이 화베이(華北)지
방에서 항일전을 벌인 데 비해, 신사군은 화중(華中) 지방에서 활약했다.
　한간(漢奸)이란 청나라 때 지배민족인 만주인과 내통한 한인(漢人)을 일컬
은 데서 비롯하여, 중국에서 외국침략자와 내통한 자를 이르는 말이다.
　특무(特務)란 스파이, 첩보, 파괴암해 등과 같은 특수한 임무를 받고
정체가 드러나지 않게 은밀히 활동하는 요원들을 일컫는 말이다.

참가하는 정치협상 등을 내용으로 하여 전 국민을 향해 공동성명을
발표했다.8)

그러나 형식적인 협상과 협정만으로 중국 내전은 종식될 수 없었
다. 회담의 진행 중에도 국민당 정부군의 해방구에 대한 공격은
계속되었을 뿐만 아니라 회담 후인 10월 23일 장제스는 일선장령
앞으로 다음과 같은 밀전을 발신하고 내전도발 명령을 내렸다.

> 우리들은 급속히 복비(服匪)를 격멸시키지 못하면 항전의 공을
> 상실할 뿐만 아니라 중화민족은 영원히 부흥의 희망을 상실하게
> 될 것이다. …(중략)… 각 부하를 독려하여 초비(剿匪)에 전력을 다
> 하라.

이와 때를 같이하여 미 당국도 국민당 정부군의 우위 확보를
위해 전력을 다했다. 애초 1945년 8월 "전통적인 정책을 위반하면서
까지 미국은 중국 내전에 간여하고 싶지 않다"라고 선언했던 웨드마
이어는 곧 입장을 바꾸었다. 그는 "세계 인구의 절반을 포함하고

---

8) 1945년 가을 마오쩌둥의 6주간 총칭 체류 중에 열렸던 일련의 모·장
   회담은 쟁점들에 대해 아무런 실질적 협상도 하지 못했다. 이로부터 나온
   결과는 치안유지, 민족통일, 군대 통합, 모든 정파의 정치협상회의 창설,
   전체적인 민주정부 수립을 위한 준비 등과 같은 일반적인 원칙들에 대한
   막연하고 광범위한 협정이었다. 김영흠·박무성 외 역, 『미국의 아시아외
   교 100년사: 20세기 미국·아시아 관계』, 207쪽 참조.

있는 이 지역의 사태전환은 불가피하게 미국에 경제적·심리적으로, 그리고 아마 군사적으로도 큰 영향을 미치게 될 것이라는 점은 의심의 여지가 없다"고 강조했다. 또한 그는 미국 공군을 이용하여 '일본군 무장해제를 위해' 국민당 정부군 15개 사단을 연안지역으로 수송하는 작전을 '사상최대의 공수'라고 자랑했다. 한편으로 트루먼 정부는 약 7억 7,700만 달러에 해당하는 미군이 소유했던 무기를 무상으로 '대일방위원조'를 위해 국민당 정부군에게 증여했다.

특히 미국은 만주 화베이(華北)지역을 인민해방군의 지배하에 두지 않기 위해 전력을 다했다. 그 이유는 이 지역이 향후 대소(對蘇) 군사기지로서 중요하다는 사실 때문이다. 1945년 11월 웨드마이어는 미 국무성 앞으로 다음과 같은 보고를 했다.

만주 화베이 심장부의 국민당 정부군의 보전 문제에 대해 장제스와 그 참모들은 중요성을 충분히 인식하지 못하고 있다. 그 결과 그곳에 적정한 규모의 병력수송이 결여되어 있으며, 따라서 본인은 장제스에게 화베이를 탈환하는 데 전력을 기울이고 만주점령 기도에 앞서서 화베이의 군사적·정치적 지위를 견고히 해야 한다고 충고하고 있다.

같은 취지에서 약 5만 명의 미 해병대는 화중, 화난(華南)이 아니라 화베이에 상륙하여 '일본군의 무장해제의 원조'가 아닌 '국민당 정부군이 도착할 때까지 지역의 육상교통로를 확보'하는 것에 전력을 다한 작전을 전개하게 된다.

그러나 장제스와 웨드마이어의 이러한 작전은 향후 막대한 정치적 손실을 초래한다. 장제스의 내전도발과 웨드마이어의 해병대 화베이 상륙이라는 공공연한 내정간섭은 이후 중국 민중의 지지 상실의 도화선이 된 것이다. 더욱이 국민당 정부는 만주지역에서의 일본인 재산의 몰수를 통해 막대한 재산을 손쉽게 획득했으나 결코 만족하지 못했다. 그 지배층은 오히려 민중에게 내전 준비의 이유로 병사와 인부의 징용, 물자공출, 강제 공채의 발행 등을 통해 일반 국민의 삶을 더욱 더 피폐화시켰다.

예컨대 당시 이러한 상황을 목격한 미국인 버든(J. Verden)은 만주의 푸순 탄광(撫順炭鑛)을 접수한 국민당 정부군의 실상과 관련하여 다음의 진술을 했다.

세계 최대의 노천광이었던 푸순 탄광의 일본인들은 일일 생산고를 20,000톤으로 올려놓았다. 일본군이 돌아간 후 중국인은 이를 5,000톤까지 회복시켰으나 국민당 정부군이 접수한 후 군대의 간섭 때문에 2,000톤 미만으로 떨어졌다. 이러한 상황에서 1,000명의 노동자, 2,000명의 시민들은 방어진지 구축을 위해 징용당했지만 이들은 군으로부터 급료는 물론이고 음식조차 제대로 받지 못했다. 그래도 광부들은 참고 견뎠지만 탄광시설에서 떼어낸 고가의 장비가 진지로 운반되지 않고 봉천(奉天) 등지에서 매각 처분된 사실에 분노했다.

그러나 이것만이 아니었다. 이외에도 4대가족(四大家族)을 필두로 한 국민당 지배층은 이러한 방식으로 즉각적으로 엄청난 부를 쌓아 올렸다.

이러한 상황 속에서 1945년 11월 총칭(重慶)에서는 내전반대연합회가 구성되어 내전반대와 미국의 내정간섭 반대 시위가 일어났다. 쿤밍(昆明)에서는 대학, 중학 및 소학교의 교수와 교수들이 중심이 되어 국민당 정부의 탄압에도 불구하고 군중시위가 확대되어 갔다. 이 같은 사태진전은 미국 당국에도 적지 않은 충격을 주었다. 1945년 11월 말 웨드마이어는 국무성에 "국민당 정부가 범한 권력남용 및 부정부패 등은 접수지역의 주민들에게 불만을 야기시켜 얼마 되지 않는 동안 국민당 정부의 지지도가 절반 이상 이탈되었다"라고 보고하고 있다.

그리고 미국 내에서는 장병들의 귀국을 요구하는 국민들의 불만의 소리가 높아졌다. 그해 11월 말 미 하원의원 6인은 "중국에서 미국의 무장간섭은 중국의 발전을 저해할 뿐만 아니라 제3차 대전을 유발하게 하는 많은 조건을 조성하게 될지 모른다"라는 성명을 발표하면서, 웨드마이어와 헐리를 비난하고 미국은 중국에서 즉각 철수해야 한다고 하는 결의문을 의회에 제출했다.

대내외적 상황이 이렇게 급진전되자 트루먼 대통령은 헐리를 해임하고 1945년 12월 마셜을 주중전권대사(駐中全權大使)로 임명했다. 그리고 미국의 대화정책에 관한 성명서인 '분쟁조정의 중요한 요소에 따른 초기회담' 계획을 발표했다. 여기서 트루먼은 "야당이 추천한 공평하고도 효과적인 대표를 통해 국민당 정부의 폭을 넓히 도록 요구"하고 중국 내정에 대한 무력간섭은 없을 것이라고 밝히고 있다. 이어진 1945년 12월 24일의 모스크바 3상회의에서는 각국의 중국내정불간섭 원칙이 확인되었고 따라서 중국 내부의 위기 역시 완화될 것이 예상되었다.

그런데 트루먼이 발표한 성명서 후반부에 그가 다음과 같은 기술을 한 점을 유의해야 한다. 그는 "인민해방군과 같은 자치적인 군대는 중국의 정치적 통일과는 적합하지 않다. 따라서 효과적으로 국민당 정부군에 하나로 통합되어야만 한다"라고 부연하고 있다. 이는 곧 '민주적 평화통일'이라는 정치적 양보의 제스처에 의해 반(反)국민당의 경각심을 늦추고 무장을 해제하는 데 '신대화정책'의 주요 목표가 있음을 보여주고 있다.

이 시기 마셜의 활발한 조정 활동으로 1946년 1월 10일의 양측은 정전협정을, 같은 해 2월 25일에는 군사적 재조직과 공산군의 국민군으로의 통합에 대한 협정을 체결할 수 있었다. 1월의 협정을 통해 교전과 군대 이동의 중단, 모든 통신선의 파괴 금지, 북경 내 정전 조건들을 수행할 행정본부 설립 등의 사항이 마련되었다. 2월 협정의 조건은 8개월 이내 국민군을 50개 사단으로, 공산군을 10개 사단으로, 각 1만 4,000명 미만의 병력으로 구성된 전체 60개 사단을 20개 군단으로 축소시킬 것을 구상했다. 그리고 군대의 통합과 전개를 위해 중국을 5개의 일반 군사지역으로 분할하고, 양 군대 중 일정 수의 병력이 각 지역에 배치되는 문제가 제안되었다.9)

마셜 특사의 중요한 목표는 민주화된 중국의 가장 바람직한 정치 체로서 공산세력과 그 군사력을 비공산주의 세력의 주도 아래 둘 수 있는 연립정부를 구성하는 것이었다. 이를 위해 그는 한편으로는 중국 정치의 '민주화'를 요구하면서도 다른 한편으로는 국민당 정부 군의 군사력을 급속히 증강시키기 위해 군사경제 원조를 계속하지 않으면 안 되었다. 그리하여 만주에 대한 20만 국민당 정부군의 대규모 수송을 필두로 미군의 본격적인 지원은 계속 이어졌다. 1946 년 7월 다시 내전이 발발했을 때에는 미군장비로 무장한 병력은 39개 사단에서 50개 사단으로, 군인 수는 전체 병력의 45%인 100만에 서 85%인 200만으로 증가되어 있었다.

1947년 8월 '마셜 조정'이 마무리되는 과정에서 미국이 국민당 을 지원하는 것에 대한 인민해방군 측의 항의에 미국은 객관적인

---

9) 김영흠·박무성 외 역, 『미국의 아시아외교 100년사: 20세기 미국·아시 아 관계』, 208~211쪽 참조. 마셜의 국민당과 공산당 양측의 조정은 내용 적으로 보면 국민당 측에 편향되었다. 예를 들어 위의 1월 10일 정전협정 에는 국민군으로 하여금 주권 회복을 위해 만주 내로 들어갈 수 있도록 하는 조항도 마련되었으며, 2월 25일 협정이 발표된 같은 날 트루먼은 웨드마이어 장군 지휘하에 1,000명의 장교 및 사병으로 구성된 미국 군사고문단을 중국 내에 주둔시킬 것이라고 발표했다. 이 시기 마셜의 임무에 대한 요약은 Westad, *Cold War & Revolution*, pp. 79~139 참조.

제3자적 입장을 취하고 있는 듯한 태도를 취하고 있었다. 즉 외부적으로는 협의사항인 '무기대여금지령'에 따라 국민당 정부군에 지원을 중단한 것처럼 행동했으나 내부적으로는 무기 원조가 계속 시행된 것이다. 일본군 항복 후 3년간 제공된 원조총액은 약 44억 4,600만 달러에 달했고, 이는 태평양전쟁 기간 중 조달된 무기의 8배 반에 해당한다.

그리고 원조의 조건으로 1946년 11월의 '중국우호통상협약,' 1946년 12월의 '중미항공협정,' 1947년 1월의 '칭다오(靑島) 해군기지 비밀협정' 등 일련의 협정을 체결함으로써 중국의 정치·경제·군사 등의 각 방면에 걸친 지배권을 확립하고자 했다. 이러한 이유로 장제스는 마셜과 트루먼이 수시로 '화평과 민주통일화'에 노력하지 않는 한 원조를 중단하겠다는 언명에 대해서 크게 걱정하지 않았다. 미국 정책의 일반적 경향에서 볼 때 국민당은 하등의 양보도 필요 없으며, 또한 진정으로 곤란한 상태에 직면하면 미국이 더 큰 규모의 원조를 하지 않을 수 없다고 확신하고 있었던 것이다.

양측 간의 대규모 충돌은 미국의 신(新)대화정책인 마셜 조정의 필연적인 귀결이었다.[10] 처음 마셜 조정이 시작된 직후인 1946년

---

10) 이제 마오쩌둥은 마셜의 중재를 완전히 불신하게 되었고 미국의 태도에 대해 분개의 수위를 점차로 높여갔다. "그것(마셜 조정)이 우리가 처음 미 제국주의자들과 맞닥뜨린 경우였다 …… 우리는 많은 경험을 가지고 있지 않았다. 그 결과 우리는 속임수에 넘어갔다. 그러나 이를 경험한

1월부터 2월에 걸쳐 사태는 외견상 호전되었다. 만주를 제외한 모든 곳에서 정전협정이 성립되었고, 미국·국민당 정부·중국공산당 대표로 구성된 3인조정위원회에 의한 휴전명령이 실시되었다. 모든 당파가 참가하는 정협회담(政協會談)이 개최되어 잠정적 연합정부의 수립, 헌법제정회의의 소집, 민주적 헌법초안의 채택 등의 성과가 이루어졌다. 그러나 겉으로 보이는 이러한 화해의 움직임과는 달리 내부적으로 국민당 정부와 중국공산당 사이에의 알력은 점차로 더욱 심해져 충돌은 이미 불가피했다. 1946년 3월 말에는 국민당 정부 대표들에 의해 공공연한 정협회담 결의의 파기가 주장되고 4월 소련군 철수 후의 만주지역 접수를 둘러싸고 대규모 충돌이 발발했다.

1946년 4월 소련군의 철수가 시작되자, 국민당 정부는 구만주군을 국민당 정부군에 편입시켰다. 한편 소련군의 철수 연기까지 요청하면서 급속히 확대되어 가는 인민해방군의 진입을 억지하고 거점 도시들을 확보하려고 했다. 이때 소련군은 내정불간섭을 들어 국민

후 다시 속아 넘어가지 않을 것이다." 존 루이스 개디스, 『새로 쓰는 냉전의 역사』, 117쪽 참조. 미국에 대한 마오쩌둥의 입장을 형성하는 데 있어서 마셜의 임무의 중요성에 대해서는 Westad, *Cold War and Revolution*, pp. 169~170; Shu Guang Zhang, *Deterrence and Strategic Culture: Chinsese-Amercian Confrontations, 1949-1958*(Ithaca: Cornell University Press, 1992), p. 18 참조.

당 정부군 및 인민해방군 어느 한 편에도 치우치지 않았고, 이에 많은 도시가 소련군으로부터 국민당 정부군의 손으로 넘어왔다. 또한 소련군 철수와 함께 국민당 정부군의 주력부대가 만주에 집결하고 이후 각처에서 정부군의 인민해방군에 대한 공격이 감행되었다. 1947년 5월에는 창춘(長春) 등 주요도시까지 전화(戰火)가 확대되기에 이른다. 그해 6월 일주일간의 정전은 '중원해방구'에 대한 국민당 정부군 50만의 대규모 공세로 이어지고 이제 중국은 전면내전으로 치닫게 되었다.

당시 국민당 정부군 병력은 지방군을 포함하여 약 430만(중앙군 약 250만 포함)이었으며 그 지배지역 인구는 약 3억 4,000만이었다. 이에 반해 인민해방군은 정규군 약 120만, 민병 약 200만, 지배지역 인구 약 1억 3,000만으로 장비 면에서뿐만 아니라 양적으로도 국민당 정부군이 절대 우위에 있었다. 그러나 국부군의 사기는 최악이었으며 군 기강도 형편없었다. 때문에 당시 쑹칭링(宋慶齡)은 미국에 보내는 메시지에서 장제스의 모험적인 기도에 대해 다음과 같이 말했다.

내전이 시작되면 농촌으로부터 도시는 고립되고 농민들은 값싼 세금을 부여해 준 공산당을 지지할 것이다. 그렇게 되면 국민당 정부 치하의 각 도시가 도대체 어디에서 전출자재 및 물자, 식량을 구할 수 있겠는가? 따라서 국민당은 결코 승리할 수 없다.

이 같은 사실이 중국 내부에 공공연히 알려져 있었음에도 불구하고 무엇 때문에 국민당과 장제스는 내전 도발을 기도했는가?
무엇보다 장제스는 중국 내전에서 국민당이 패할 경우 예상되는
미국의 전략적 손실을 미국 정·재계에서 결코 좌시하지 않을 것이
라는 계산하에, 미국의 보다 직접적인 개입을 예측하고 있었던
것이다.

제2장 중국혁명의 승리

1. 인민해방군 승리의 원인

중국 내전의 양상은 1947년 여름이 되면서 획기적으로 바뀌게
된다. 산시(山西), 화베이(華北), 산둥(山東), 허난(河南) 등지에서 인민해
방군은 그때까지의 전략적 방어 위주의 전략을 완전공격 전략으로
전환하면서 계속적인 승리를 거두었다. 1947년 말이 되면 화베이로
부터 만주에 이르는 철로를 장악했고, 산동성의 지난(濟南) - 칭다오
(靑島) 간 철도의 일부도 점령했으며, 연말에는 선양(瀋陽) 근처의
남만주철도도 수중에 넣었다. 1948년이 경과하면서 인민해방군은
계속 공격을 감행했고, 4월 중순에 이르러는 연안을 재탈환했다.
이와 같은 전과(戰果)는 지난 20여 년간의 국민당 정부의 지배
및 과거 100년에 걸친 제국주의 지배의 종식을 의미하는 것이다.
또한 태평천국의 난, 의화단사건, 5·4운동 등 무수한 고난을 겪어오

면서 투쟁한 중국 민중이 마침내 해방을 맞이하는 것을 의미한다. 그렇다면 과연 중국 민중의 핍박받던 삶의 종식은 어떠한 방식으로 성취되었는가?

당시 전 인민의 80%를 점하고 있던 농민의 가장 큰 소망은 토지개혁이었다. 예컨대 내전 동안 가끔 중국을 방문한 호주의 한 신문기자가 인민해방군에 입대한 청년들에게 왜 입대하느냐고 묻자 그들은 한결같이 "먼저 정부군이 들어오면 그들은 모처럼 인민해방군에게서 분배받은 토지를 몰수하여 원래의 지주에게 돌려줘 버린다. 토지를 가지기 위해서는 인민해방군이 반드시 승리해야 한다"라는 말을 꼭 했다고 한다.

사실 농민들은 공산주의의 난해한 이론을 이해할 수 없으며 마르크스의 『자본론』이 어떤 내용인지에 대해서는 관심조차 없다. 그들에게 사활이 걸린 문제는 토지였다. 인민해방군이 들어오면 토지를 주고 국민당 정부군이 들어오면 그 토지를 몰수하여 종전대로 지주에게 돌려주는 당시 상황에서는, 인민해방군의 승리는 자신들의 승리이고 국민당 정부군의 승리는 지주들의 승리일 수밖에 없었다. 이 간단하고 근본적인 사실 자체가 바로 인민해방군을 승리로 이끌고 국민당 정부군을 패배로 몰아넣은 가장 큰 원인이 된 것이다. 구체적으로 이는 인민해방군이 후방의 평화를 유지하는 데 힘이 되었을 뿐만 아니라 농민 출신 국민당 정부 병사들이 동요하고 이탈하게 된 도화선이 되었다.

당시 시대적 상황에서 토지개혁이 중요한 관건이 되리라는 것을 국민당 정부 측에서도 모르는 바는 아니었다. 그러나 국민당의 주요 지지세력 중 하나인 지주의 입장에서는 농민들에게서 과도한 노동력과 지대를 짜내지 않고서는 부유한 생활을 이어나갈 수 없었기 때문에 결코 양보하려 들지 않았다. 반면 공산당에서는 토지개혁을 적극 활용하여 자신의 지지세력을 급속히 넓혀나갈 수 있었다. 나아가 마오쩌둥은 '연합정부론'에서 토지문제에 대해 다음과 같이 지적하고 있다.

토지를 경작하는 농민들에게 분배하는 것은 토지를 봉건적 착취자의 손에서 농민들에게 돌려주어 농민의 사유재산으로 하고 농민을 봉건적 토지관계에서 해방시키는 역사적 의의가 있다. 더욱이 이는 농업을 구식의 뒤떨어진 수준에서 근대적 수준으로 끌어올려 그에 의해 공업시장을 발전시킬 하나의 단계로서 이를 기반으로 중국이 농업국에서 공업국으로 전환하는 단초가 될 수 있는 것이다.

중국공산당이 선택한 토지개혁 정책의 추진 방식은 매우 신중한 것이었다. 한 지역을 점령하면 먼저 군사적 안전을 확보하고 다음에는 전력을 다해 당의 지도력을 정립하는 데 집중하여 대중의 정치성을 높이는 교육을 실시했다. 이런 순서로 해방된 지역, 즉 해방구에서 그 결정적 단계로 토지개혁을 단행했다. 또한 토지개혁을 실시하려고 하는 지역의 계급구분을 엄격히 조사하여 적과 우방을 식별한 다음, 적으로 취급되어서는 안 될 사람을 적으로 취급하는 일이 없도록 각별히 주의했다. 그리고 지주제도와 지주 개인에 대한 취급도 명확히 구분하여 지주에 대해서도 일반농민과 동일하게 토지를 분배했다.

해방구 내에서의 정책 추진과정에서 악덕지주의 반발 등 몇몇 저항이 있었으나 새롭게 각성된 민중의 힘에 의해 그러한 모습은 곧 자취를 감추었고 정책은 비교적 순조롭게 실행되고 있었다. 그러나 국민당 정부의 지배 아래 있던 지역에서는 미국 상품의 대량투하, 지배층의 투기에 의한 농업의 쇠퇴, 인플레이션, 중소민족자본의 몰락, 실업자 증가, 빈곤 확산 등의 혼란이 계속 이어지고 있었다. 이에 불만을 품은 농민, 노동자, 학생, 지식인 등은 국민당 정부의 실정, 장제스의 독재, 미 제국주의 반대 등을 내세우며 자신의 목소리를 더욱 높여갔다.

특히 중소자본가의 이러한 움직임에 대해 국민당 지배층은 과거 이들의 주요한 대표기구였던 '중국민주동맹'을 해산하는 방식으로 대응했다. 그렇게 되자 종래 국민당 내부의 중소자본가에 의해 조직되었던 민주촉진회(民主促進會)와 삼민주의동지연합회(三民主義同志聯合會)의 회원들은 홍콩에 모여 국민당혁명위원회를 결성하고 리치센(李濟琛)을 주석으로, 스핑산(釋平山), 커쌍닝(可香凝), 차이팅지에(蔡廷鍇) 등을 중앙위원으로 선출하고 중국공산당과 기타 민주당파와의 연합을 선언했다. 또한 해산된 민주동맹의 지도세력은 홍콩으로 이동하여 민주동맹 삼중전회를 개최하고 혁명에 의해 부패한 국민당 정부 지도층과 미국의 간섭정책 타도를 결의했다. 그리고 국민당 치하의 민족상공업자와 금융계 인사로 구성된 민주건국회(民主建國會) 역시 국민당 지도층의 관료독점자본에 대한 반대의 목소리를 드높였다.

그 결과 장제스의 고립은 점차 심화되고 반대로 중국공산당의 영향력은 급속히 확대되어 갔다. 이러한 때에 중국공산당 중앙위원회는 1948년 5월 1일 노동절 슬로건으로 '민주연합정부수립'을 제창한다. 이러한 호소는 중국국민당혁명위원회, 중국민주동맹, 중국민주촉진회, 중국노동민주당, 중국인민구국회 등 각지의 민주당파의 지지를 얻었고, 이들은 마오쩌둥의 신민주주의혁명 원칙하에 집결하여 통일전선을 결성했다.

상황이 이처럼 불리해지자 국민당 지배층은 밖으로는 미국이 원조를 대폭 증가해 줄 것을 요구하는 한편 안으로는 민주세력에 대한 물리적 폭압의 수위를 점점 높여갔다. 1947년 10월 미국 정부는 중국에 대한 원조로 2,770만 달러를 책정했으며 12월에는 추가로 총 1,800만 달러가 중국 해안도시에 원조물품을 공급해 주기 위해 충당되었다. 1948년 3월 한 기자회견에서 트루먼 대통령은 "우리는 될 수 있는 한 중국 정부와 그 외 도처에서 어떠한 공산주의자들도 원하지 않는다"라고 언급하며 그 다음 달에는 국민당 정부에 4억 달러 원조를 제공하는 것을 내용으로 한 중국원조안(China Aid Act)을 의회에서 통과시켰다.

1947년 7월 국민당 정부는 '총동원령'을 공포했고 이를 거부하는 학생, 노동자, 지식인에 대한 가혹한 처벌을 일상화했다. 예를 들어 1947년 가을에는 평화민주화 시위 참가자인 원이둬(聞一多)와 리공푸(李公僕)를 살해하고, 평화청원운동을 벌이던 상하이동제대학(上海同濟大學) 학생과 파업 중이던 선전먀오창(申眞廟廠) 노동자들에 대한 살인적 탄압을 자행했다. 또한 1948년 7월 윈난대학(雲南大學)에서는 2,000명 이상의 경찰과 헌병이 동원되어 기관총과 총검 등으로 5명 이상의 학생을 살해하고 1,500여 명의 학생을 체포했다.

한편 매판관료독점자본의 지배는 실제적인 '국유화'와 놀랄 정도의 '인플레이션'을 초래했는데, 특히 이 당시 인플레이션 정도는 가히 중국 역사상 최고에 이르는 수치를 기록했다. 예컨대 1948년 8월 노동자 급료는 340원인 데 비해 쌀 한 말 값은 170원이었는데, 5개월도 채 지나지 않은 1949년 1월에는 노동자 급료는 그대로였지만 쌀 한말 값은 1만 원이 넘었다. 당시 국민당 치하에서 중국 민중은 제대로 생활을 영위해 나갈 수 없었던 것이다. 결국 노동자, 학생, 지식인들의 파업과 시위는 연이어 일어났고, 이러한 동향은 마오쩌둥이 이끄는 인민해방군의 진격을 더욱 유리하게 이끌었다.

2. 중화인민공화국의 수립

인민해방군은 시일이 경과할수록 병력과 무기가 급속히 증가하여 과거의 소규모 부대는 어느새 대병단으로 성장했다. 인민해방군은 이를 바탕으로 장제스의 지역방위체계를 하나씩 파괴해 나갔다. 1949년 1월까지의 기간에 인민해방군은 동북 랴오시(遼西)의 선양(瀋陽), 화둥의 쉬저우(徐州), 화베이의 베이징(北京) - 톈진(天津)의 3대 격전지에서 모두 대승리를 거두며 전세를 완전히 뒤집었다.

계속되는 패배로 국민당 지배층과 미국은 막다른 골목에 이르게 된다. 1948년 12월에 장제스는 미국의 지시에 따라 시간을 벌기 위해 공산당과의 평화교섭을 결정하고, 1949년 1월 '평화호소(平和呼訴)'를 발표했으나 효과는 그리 크지 않았다. 이에 인민해방군 최고사령부는 마오쩌둥의 이름으로 그해 1월 14일 성명을 발표하고 장제스의 평화 제안은 허위이고 전쟁을 계속하려는 음모에 지나지 않음을 밝히고 공식적으로 이를 거부한다. 대신에 장제스에게 항복을 촉구하며 다음의 다섯 가지 조건을 발표했다.

1. 전쟁범죄자들을 처벌하고 위장 헌법을 철폐할 것
2. 국민당이 위법적인 정권임을 인정하고 그 지배의 포기를 공언할 것
3. 전 국민당 정부군을 민주적 원칙에 따라 전면개편하고 관료자본을 몰수하며 토지제도의 개혁을 단행할 것

4. 매국적인 외국과의 모든 조약을 파기하고 반동이 참가하지 않은
   정치협상회의를 소집할 것
5. 국민당 난징정부를 해체하고 그 하부행정기관의 일체 권력은
   장차 수립될 연합정부가 계승할 것.

이 조건은 현 국민당 지배층을 근본적으로 부정하고 붕괴시키려는 것이었기 때문에, 국민당 측에서는 이를 받아들일 수 없었다. 장제스 자신은 1월 21일 부통령인 리쭝런(李宗仁)에게 정부를 이양한 후 은퇴, 그의 출생지인 펑화(奉化)현으로 낙향한다.

국민당 정부는 이제 한편으로 시간을 벌기 위한 평화공세를 계속 취하면서 다른 한편으로는 양쯔 강(揚子江) 남안의 최후 방어태세 정립에 전력을 다했다. 중국공산당 역시 양쯔 강 도하를 위한 만반의 준비태세를 갖추기에 여념이 없었다. 마침내 1949년 4월 20일 인민해방군은 도하작전을 개시했는데 이는 동쪽의 장인(江陰)에서 서쪽의 주강(九江)에 이르는 500km의 전 전선에서의 총공격으로 진행되었다.

양쯔 강은 강폭이 넓고 수심이 깊었으며 당시 인민해방군 측의 운송수단은 뗏목 및 목조선에 불과했기 때문에, 세계의 관측은 일반적으로 국민당 정부군 측의 우세를 예상했다.[11] 그러나 막상 전투가

---

11) 스탈린 역시 인민해방군의 양쯔 강 도하를 반대했다. 그러나 이는 전투수행능력에 대한 신뢰 부족이 아닌 미국의 참전에 대한 우려에 보다 기인한

시작되자 이러한 예상은 완전히 빗나가 인민해방군은 말 그대로 파죽지세를 거듭해 일일 평균 3개 도시를 점령하며 계속 전진, 도하 4일 만에 류보청(劉伯承)과 천시(陳熙)의 선발부대가 난징(南京)을 점령하기에 이른다.

난징 함락은 군사적인 것보다 정치적으로 훨씬 큰 의미가 있었다. 1929년 장제스가 난징을 기반으로 일어섰으며 또한 화난(華南)에서 게릴라를 조직했던 공산당 타도를 위해 사령부를 설치한 곳도 난징이었기 때문이다. 인민해방군은 '장제스의 도시'라고 불리던 난징을 공략함으로써 과거 수십 년의 국민당 지배의 종식을 선언한 것이다.

또한 얼마 후 인민해방군은 진격을 거듭하여 오랫동안 서유럽 열강의 제국주의 거점이던 상하이를 점령한다. 이때 양쯔 강을 향해 항해하던 영국 해군 아미스트 호를 미제 대포로 포격하여 격침시켰는데, 이는 과거 제국주의의 악령을 떨쳐버리는 상징적 사건으로 간주되었다. 30년 전만 해도 영국 해군의 그림자만 나타나도 중국의 민중은 그 위압감에 몸을 사렸을 것이며, 20년 전만 해도 이 같은 사건이 발생했더라면 모든 외국 군함이 양쯔 강에 집결하여 엄중한 사죄를 요구했을 것이기 때문이다. 그러나 이제 역사의 수레바퀴는 봉건지배 및 제국주의의 중국지배를 뒤로 한 채 새로운 시대를

다. 스탈린은 소련 제I부수상 미코얀을 비밀리에 보내 마오쩌둥과 면담하도록 하면서, 미국과의 전쟁이 발발할 수 있다고 그에게 경고했다. Zhang, *Deterrence and Strategic Culture*, pp. 19~20 참조.

향해 가고 있었다. 그리고 1949년 10월 1일의 중화인민공화국의 공식 수립은 그 중요한 이정표가 되었다.

1950년 5월까지 인민해방군은 바다 건너 하이난 섬[海南島]과 저우산 열도(舟山列島)까지 장악함으로써 타이완을 제외한 모든 지역에서 제국주의와 봉건주의를 일소했다. 이러한 중국혁명의 승리는 중국 내의 정치와 경제에서 결정적인 변화를 낳았고 동시에 국제관계에서도 근본적인 변화를 야기했다. 일본 제국주의의 패배와 뒤이은 미국과 영국 등 서유럽 제국주의의 패배는 중국혁명이 전 세계적인 제국주의와의 투쟁에서 승리했음을 의미했다. 과거 중국의 정권은 무능하고 낡은 질서는 쓸모없어서 중국 영토는 제국주의 세력의 하나의 '체스 판'이 되었다. 그러나 이제 새롭게 탄생한 신중국은 중국의 수억 인구에게 세계에 우뚝 설 수 있는 당당한 기백을 심어준 것이다.

또한 중국혁명의 승리는 서유럽 제국주의 진영의 결집력에 균열이 가게하고 아시아 단일 시장을 꿈꾸었던 미국 제국주의의 기대를 무산시켰다는 점에서 또 다른 의의를 지닌다. 그리고 이러한 승리에 고무된 여타 피압박민족에게는 큰 교훈을 남겼다. 예컨대 인도네시아, 태국, 말레이시아, 인도차이나의 민중들도 중국의 혁명에 크게 자극받아 자국에서 민족해방운동의 물결을 더욱 거세게 분출시켰다. 이와 같은 상황 전개는 아시아가 지난날 제국주의의 각축장에 불과했던 과거와는 결별을 고하고 이제는 전 세계적인 평화를 체현시키는 하나의 진원지로서 기능함을 의미한다.

3. 미국의 동아시아 정책의 전환

제2차 세계대전 말기부터 1948년 중반기까지 미국의 동아시아 정책의 중심은 중국에 편중되었다. 즉 2차 대전의 종전이 임박해졌을 때 미국의 동아시아 정책은, 전후 중국이 동아시아에서 견고한 지도력을 가지며 이곳에 분쟁이 야기될 때는 미국의 편에 서서 행동할 미국의 우호적인 정부로서 통일되고 안정되어야 한다는 데 이견이 없었다. 또한 일본은 미국 독점자본에 장애가 될 가능성이 많기 때문에 미국에 우호적이건 비우호적이건 악화시킨다는 데 그 우선적 정책목표가 있었다. 그리고 이를 위한 수단으로 미국 인력의 희생을 뜻하는 직접적 무력간섭은 배제하는 것이 목표였다.

그러나 중국혁명의 승리로서 미국의 동아시아 정책이 바뀌었다. 1948년 11월 난징 주재 미 대사관은 어떠한 대규모의 군사원조를 제공한다고 해도 미군을 직접 투입하지 않는 한 사태를 수습할 수 없다는 것이 재중(在中) 미군 수뇌들의 일치된 견해임을 워싱턴에 타전했다. 맥아더 또한 1948년 말 「중국의 전략적 결과」라는 보고서에서 미국의 동아시아 정책의 재검토를 요구한다. 이러한 과정을 거치면서 중국 대신 일본이 미국의 동아시아 정책의 기초가 되어 '공산당의 영향에 대한 평행력'으로 부각된 것이다. 같은 맥락으로 일본을 지탱하기 위해 남한의 이승만에 힘을 실어주는 것 역시 중요했다.

중국이 공산당의 지배하로 편입되는 것이 명확해지자 워싱턴은 1949년 「중국백서」를 발표했다. 여기서 워싱턴은 책임을 장제스에게 전가하면서 행정부의 부담을 피하고자 했다. 그리고 이후 워싱턴의 관심은 동남아시아로 향하여 중국에서와 같은 실패를 되풀이하지 않기 위해 만전을 기한다. 어떻게 해서든지 동남아시아 특히 베트남의 민족해방운동을 저지하는 것이 일본의 부활과 병행해서 미국 동아시아 정책의 중점이 되었다.

1949년 여름 동남아 정세의 포괄적인 조사를 위해 제섭(P. Jessup)을 의장으로 한 특별위원회의가 구성되었다. 동 위원회를 중심으로 그해 10월 미국 아시아 정책의 재검토를 위해 마련된 국무성의 비밀회의, 동년 11월 및 다음 해 2월 동아시아 대사관 수뇌부 전원이 모여 개최된 방콕회의 등 일련의 회의를 통해서 동남아 정세를 검토해 나갔다. 그 결과 중국혁명의 승리 후 미국의 동아시아 정책은 이제 '후진국개발계획'이라는 화려한 이름 아래 동남아시아의 민족해방운동을 어떻게 저지할 것인가로 모아졌다.

이와 같은 과정을 거치면서 미국 국무장관인 애치슨은 1950년 1월 12일 워싱턴의 전국기자클럽 간담회에서 행한 연설을 통해 '애치슨라인'을 발표하게 된다. 여기서 그는 동아시아의 미국 방위선은 알류산 열도로부터 일본과 류큐 섬을 거쳐 필리핀 군도에 이르는

선이라고 규정하고, 이러한 방위선 밖에서 공격을 받을 경우 "처음에
는 공격받은 국민의 저항에 의존하고, 그 다음에는 유엔 헌장 아래
전체 문명 세계의 대응에 의존해야 한다"라고 제안했다. 많은 사람들
이 애치슨 라인에 대해 비판을 쏟아 부었는데, 특히 한국 문제가
주요 이슈였다. 그들은 북한이 남한을 공격할 수 있도록 애치슨이
문을 활짝 열어놓았다고 비난했다. 그리고 실제적으로도 이 연설을
통해 사회주의 국가의 지도자들은 미국의 불개입에 대해 확신을
가지게 되었다.[12]

---

12) 스탈린, 마오쩌둥, 김일성에 대한 애치슨 연설의 영향에 대해서는 Chen
Jian, *China's Road to the Korean War: The Making of the Sino-American
Confrontation*(New York: Columbia University Press, 1994), p. 102; Sergei
N. Goncharov, John W. Lewis, and Xue Litai, *Uncertain Partners: Stalin, Mao
and the Korean War*(Stanford: Stanford University Press, 1993) pp. 101~102,
142 참조.

제3편

샌프란시스코 강화조약과 한국전쟁

제1장 샌프란시스코 강화조약의 체결

1. 미·일 단독강화의 추진

1946년 2월 8일 미국의 번스 국무장관은 종전 후 처음으로 대일강화에 관해 언급했다. 그는 강화조약 체결을 1년 이내에 완료하고 일본 점령은 향후 15년간 계속될 것이라고 말했으나 이 안은 현실화되지 못했다. 그러나 미국은 강화와 관련된 방안을 계속 모색했고 다음 해인 1947년 7월 16일 미국 정부는 정식으로 대일강화예비회담의 개최를 제창한다.

미국의 이러한 제안은 소련의 거부권 행사를 저지하기 위해서 전시 중 포츠담 협정 및 전후의 모스크바 3상회의에서 결의된 방식인

미·소·영·중 4개국의 거부권을 인정하는 것에 기초한 '전 교전국의 찬성을 얻어야 한다'는 동의사항을 이행하지 않겠다는 것을 의미한다. 결국 미국은 극동위원회(Far Eastern Commission) 11개국 사이의 결정으로 강화조약을 맺으며 위 4개국의 거부권을 인정하지 않는 방식을 제안했다.[1]

그러나 이 제안은 소련의 거센 반대에 부딪히고 나머지 국가들의 반응도 시큰둥하여 그해 11월에는 관련 교섭이 중지되어 버렸다. 1948년 5월에는 소련의 UN 대표인 비신스키(A. Y. Vyshinsky)가 대일강화협약 체결의 촉진을 제안했으나 미국 정부는 이에 대해 아무런 반응을 보이지 않았다.

1949년 대일강화문제가 다시 세계의 주목을 끈 시기는 미국이 세계적 차원에서 반공체제수립을 추진했던 때와 맞물린다.[2] 1949

---

1) 극동위원회는 전후 공식적 일본 관리기관으로 워싱턴에 설치되었다. 미국·영국·소련·중국·프랑스·네덜란드·캐나다·오스트레일리아·뉴질랜드·인도·필리핀 등 일본과 교전한 11개국 대표로 구성되었으며, 미국·영국·소련·중국은 거부권을 가졌다. 하지만 실제 일본에 대한 점령 실시기관은 미국 정부가 임명하는 연합국 최고사령관 및 그의 지휘하에 있는 총사령부(General Head Quarter: GHQ)였다. 김영흠·박무성 외 역, 『미국의 아시아외교 100년사: 20세기 미국·아시아 관계』, 227~228쪽 참조.

2) 내부적으로 미국은 이미 1948년 10월 9일 NSC 13/2를 채택하고 일본에 대한 점령정책을 전환하고 있었다. 일본의 민주화는 중단되었고, 중국혁

년 9월 13일에서 17일까지 실시되었던 관련 회담을 마치면서 영국의
베빈 외상과 미국의 애치슨 국무장관은 대일강화조약의 조기개최에
대한 의견일치를 보았으며 소련의 참가 없이도 이를 추진할 것이라
는 성명을 발표했다. 계속해서 같은 해 11월 1일 애치슨은 런던과
워싱턴에서 대일강화조약을 개별적으로 검토 중이라는 사실을 발표
했다.

11월 4일에는 미 국무성 동북아시아 국장이, 일본점령정책이
제3단계에 들어섰으며 일본이 강화조약을 받아들일 용의가 있다는
성명을 발표한다. 11월 9일 마닐라발(發) AP통신은 미 고위관리의
말을 빌어, 1950년 초 도쿄에서 맥아더 의장하에 소련도 참가하는
강화회의가 열리게 되며 그 내용은 일본을 군사적으로 방위하는
협정이 될 것 같다는 기사를 싣는다.

이와 같은 단독강화 및 군사협정의 움직임에 대해 11월 6일 소련
수상 말렌코프는 중공을 포함한 4대국 회의에 의한 전면강화 방침을
제시했으나 무시되었다. 비슷한 시기 당시 제6회 임시의회를 개최
중이던 일본에서 요시다(吉田茂) 수상은 강화 문제에 대해 야당의

명이 진전되고 있는 아시아 정세를 감안하여 일본의 경제부흥에 중점을
두면서 아시아에서의 안정적인 거점으로 삼는다는 방침을 세운 것이다.
이를 위해 1949년부터 1950년까지 일본공산당에 대한 엄중한 탄압정책
이 취해졌다. 와다 하루키, 서동만 역, 『한국전쟁』(서울: 창작과비평사,
1999), 230쪽 참조.

집중적인 추궁을 받자 '가정(假定)적 문제이기 때문에 답변이 불가능하다'고 회피했지만, 이내 11월 11일의 참의원 본회의에서 '전면강화의 전제하에 단독강화에 찬성'한다고 언명했다.

한편 대일강화와 관련하여 미국 내 국무성과 국방성 사이 심각한 의견대립 때문에 대일강화가 지연되었다는 주장이 있다. 그러나 내용을 보면 이는 실질적인 대립이 아니었다. 다만 '유럽 제일주의'냐 '아시아 제일주의'냐의 노선 차이에서 발생한 것이자 '군사점령'과 '강화' 사이의 차이에서 유래한 것일 뿐이다. 양측 모두 일본을 지배하고 종속시켜 군사기지화한다는 점에서는 차이가 없었다.[3]

1950년 1월 1일 연두사(年頭辭)에서 맥아더는 중화인민공화국의 건국과 대일강화회 개최의 지연 문제와 관련해서 일본의 신헌법 규정이 상대방으로부터의 공격에 대해 자기방위권을 부정하는 것이 아니라는 극히 중대한 발언을 한다. 이 발언의 배경에는 한반도 문제뿐만 아니라 일본의 미국 군사기지화 촉진 문제가 있다. 1950년 1월 5일 일본을 방문한 제섭 미 대사를 수뇌로 한 '극동문제 자문위원회'는 아시아 각지를 시찰하고 극동정책의 전면적 재검토에 착수했

---

3) 특히 맥아더는 아시아의 미래를 책임지고 있다는 강한 의식과 서태평양에서의 오랜 경력으로 아시아제일주의자가 되었으며 전통적으로 유럽을 중시하는 미국의 입장을 바꿔야 한다고 확신했다. 윌리엄 스툭, 김형인·김남균·조성규·김재민 옮김, 『한국전쟁의 국제사』(서울: 푸른역사, 2001), 76~89쪽 참조.

다. 특히 1월 13일에는 한반도의 38도 선을 돌아보았으며 16일에는
타이완의 장제스와 회동했다. 또한 동월 31일에는 미국 측의 통합참
모본부장이 맥아더와 회담하며 극동지역을 시찰하고 있었다. 요시
다 수상은 이미 23일 의회에서 '일본의 자위권을 포기하지 않는다'라
고 한 맥아더의 연두사를 공식적으로 받아들였다.

1950년 한국전쟁 후인 9월 7일 미 국무성과 국방성은 강화와
관련된 합의를 한다. 그리고 다음날인 8일 트루먼 대통령은 대일강화
의 예비교섭을 개시할 것을 결정했다. 그 결정 문서인 NSC 60/1을
바탕으로 9월 11일 강화 7원칙과 그에 기초한 신강화조약 초안이
덜레스의 주도로 작성되었다.[4] 이는 한국전쟁을 계기로 공산주의
위협을 이유 삼아 미국 지배층이 급속히 일본을 그들의 진영으로
편입시키는 노력을 하고 있음을 보여주는 실례라 하겠다.

그 후 1950년 10월 26일 덜레스 국무장관은 다음과 같은 7가지
원칙을 발표한다. 이를 구체적으로 살펴보면, ① 강화는 전면강화가
아니어도 상관없지만 일본과 전쟁을 했던 모든 교전국이 이 조약에
서명하도록 해야 할 것, ② 일본을 유엔에 가입시킬 것, ③ 한국
독립에 대한 일본의 승인 및 중국 내의 특권에 대한 일본의 포기,
④ 미·일 간의 안전을 위한 방위 협력, ⑤ 일본이 최혜국 대우를

---

4) 9월 15일의 인천상륙작전을 며칠 앞둔 시점에 작성되었다는 점에 특히
   주목할 필요가 있다. 와다 하루키, 『한국전쟁』, 231~232쪽 참조.

받도록 할 것, ⑥ 일본 본토로부터의 배상금은 철회할 것, ⑦ 모든
국제적 분쟁은 평화적 수단으로 해결하도록 할 것 등이다.[5]

이상의 원칙에 기초하여 덜레스는 극동위원회 구성국과 예비회담
교섭을 시작했다. 특히 여기서 그는 "UN이 실제로 일본의 안보를
책임진다고 하는 것과 같은 만족할 만한 안보상의 확약이 될 때까지
일본 영역의 국제적 평화와 안전보장을 유지하기 위해 미국 및
기타 국가 군대와의 사이에 협력적 책임을 계속한다"라는 모호한
표현을 통해 강화 후의 미군 주둔의 승인을 요구했다.

이에 대해 소련이 비판에 나서자 덜레스는 1951년 1월 1일 소련의
방해를 방지하기 위한 방편으로 일본과 과거 교전국들 사이 일련의
개별적 강화체결을 연구 중에 있다고 밝혔다. AP 통신의 같은 달
9일과 12일의 기사에 따르면 영연방 수상회의에서는 관대하고도
신속하게 강화를 체결할 것을 결의했으며, 미국의 국무성과 국방성
사이에 일본의 독립을 통해 보다 큰 안보보장을 얻을 수 있다는
것에 대한 합의를 보았다고 한다.

---

5) 덜레스가 이 원칙을 말리크 유엔 주재 소련대사를 통해 소련 측에 전달한
   것은 10월 26~27일경이지만, 그 전날 덜레스는 러스크의 승인을 얻어
   세 번째 원칙과 관련하여 소련이 강화에 가담할 경우 일본이 사할린
   남부와 쿠릴 열도를 소련에 할양할 것을 조약에 명기하는 추가각서를
   첨부하기로 했다고 한다. 이는 소련에 대한 양보 제스처로서, 한국전쟁에
   소련이 개입하지 않는다면 줄 수 있는 하나의 타협안이기도 했다. 와다
   하루키, 『한국전쟁』, 232~233쪽 참조

덜레스는 보다 구체적 조치를 위해 1950년 1월 25일 일본을 방문하고 그 기간 동안 요시다 수상과 세 차례 회담을 하고 합의사항을 발표했다. 그 내용 중에는 조약 체결 후에도 미국과 일본 양국의 잠정적인 안전보호협정이 필요하고 이와 관련해서 일정한 성격을 띤 지역 또는 집단 안전보장체제의 수립을 강조하고 있다는 점이 주목할 만하다. 또한 합의 사항 중에는 '만약 일본이 희망한다면 미국 정부는 일본의 국내 및 그 주변에 미군을 진주시킬 것을 고려한다'는 내용이 포함되어 있다. 이러한 사항은 미국과 이에 적극 호응한 일본 지배층의 의도가 명백히 표현된 것으로, 향후 체결될 강화조약의 기본 내용을 형성하는 것이다.

일본에서 돌아오는 길에 덜레스는 시드니에서 "일본의 재무장을 금지하는 것은 오히려 역효과를 가져온다"라고 밝혔다. 그는 여기서 '미국은 장차 일본이 군대를 가질 때 이를 UN하의 집단안전보장계획에 통합시키며' 동시에 '일본을 태평양군사동맹에 편입시켜야 한다'는 등의 발언을 통해 일본의 재무장을 두려워하는 호주와 필리핀 등 주변국의 염려를 불식시키기 위해 노력했다.

미국은 이후 각국과의 개별교섭을 시작했다. 3월 19일에는 애치슨이 영국으로 건너가 미국의 초안에 대한 상호 의견조정을 했다. 3월 23일 미국은 요시다 수상에게 초안 기초의 진행상황과 각국 특히 영국, 베트남, 필리핀, 호주 등의 동정을 보고한다. 이들은 대일문제에 대해 특히 민감한 국가들로, 1951년 4월 5일 UP 통신에 따르면 초안에 대해 상당한 불만을 토로했다고 한다. 영국은 일본의 동남아진출을 겁내어, 타이완의 귀속에 관한 문제와 관련하여 중화인민공화국을 회의에 참석시킬 것을 요구했다. 필리핀은 미국의 안이 배상의무를 명확하게 규정하지 않은 점을 비난했으며 특히 필리핀 외무성에서는 '관대함을 넘어서 우호조약과 같은' 느낌을 받았다고 전했다.

이들 국가들의 고민은 미국 및 일본 내의 고민과 크게 다르지 않다. 즉 이는 일본의 재무장을 허용할 것인가에 관한 문제로 미국과 일본의 제국주의자들을 제외한 모든 이들은 상당한 염려를 표명하지 않을 수 없었다. 이러한 염려를 불식시키기 위해 미국의 덜레스는 앞서 밝힌 듯이 각국을 순회하며 설득하기에 여념이 없었던 것이다.[6] 또한 일본 내 자유당의 요시다 수상은 1951년 1월 23일 민주당 수뇌부와 회동하여 양 당 간 '화해 및 신뢰의 강화'를 강조했다.

6) 이후 1951년 6월 마련된 안을 바탕으로 한 영·미의 공동초청은 소련 및 중국(중화인민공화국)을 포함한 55개국에까지 확대되어, 1951년 9월 4일 샌프란시스코에서 열릴 예정인 회의에 이들 국가가 참가해 줄 것을 요청했다. 인도, 버마 및 유고슬라비아를 제외한 모든 국가가 초청을 수락했다. 인도의 거절 이유는 두 가지, 즉 중화인민공화국은 대표성이 없다는 것과 제안된 안이 일본을 지나치게 미국에 의존하도록 한다는 사실에 기인했다. 버마는 이 조약이 일본에게 너무 관대하고, 배상금 조항이 불충분하다고 판단했다. 김영흠·박무성 외 역, 『미국의 아시아외교 100년사: 20세기 미국·아시아 관계』, 239쪽 참조.

그러나 이러한 태도는 미국과의 타협을 위해 국민의 이목을 가리는 방편이자, 일본의 식민지화를 위한 일종의 합작극에 불과했다.

2. 전면강화를 위한 투쟁

미국으로부터의 속박을 벗어나 진정한 독립과 자유를 쟁취하기 위해서 '전면강화(全面講和)'를 요구하는 운동은 일본의 노동자계급을 중심으로 국민의 각계각층에 광범위하게 확산되었다.7) 예컨대 시미즈 이쿠타로(淸水幾太郎)를 위시한 저명인사로 구성된 '평화문제 담화회(平和問題談話會)'가 조직되어 1950년 1월 5일 전면강화와 중립 불가침을 내세우며 어떠한 나라에 대해서도 군사기지 제공에 반대한다는 성명을 냈다. 또한 그해 3월 19일에는 스톡홀름에서 열린

---

7) '전면강화(全面講和, overall peace)'란 군사동맹을 체결하여 공동으로 전쟁을 수행하고 있는 다수의 국가가 (교전상대국과 개별적으로 강화를 맺는 것이 아니라) 합의에 의해 공동으로 강화조약을 체결하는 것을 뜻한다. 이와 대비하여 어느 한 국가가 동맹에서 이탈하여 개별적으로 강화조약을 맺는 일이 있는데, 이 경우를 전면강화와 구별하여 '단독강화' 또는 '분리강화'라고 한다. 일본은 1951년 단독강화 방식의 샌프란시스코 강화조약이 조인되면서, 외교의 기본 축인 친(親)미국·유럽, 반(反)소련의 기본 원칙이 세워졌으며, 이러한 외교의 기본 노선은 사회주의권이 붕괴될 때까지 지속되었다. 특히 미국 점령하의 일본 외교 및 1950년대 일본 외교에 대한 자세한 설명은 이오키베 마코토 외, 조양욱 옮김, 『일본 외교, 어제와 오늘』(서울: 다락원, 2002), 49~55쪽 참조.

평화옹호세계대회 제3차 총회가 발표한 원폭금지 성명을 일본의 평화운동과 연결시켜 일본 국내에서 그해 말까지 600만 명 이상의 서명을 받는 성과를 거두었다.

'단독강화'와 '군사기지화' 추진에 반대하는 투쟁의 격화는 그해 6월로 예정된 참의원 선거를 앞두고 각 정당의 움직임에 여러 가지 형태로 반영되었다. 이런 의미에서 1951년도 예산안에 대해서 야당이 맹렬히 공격한 것과 1950년 4월 26일 야당대책협의회가 평화영세중립과 전면강화를 위한 공동성명을 발표한 것은 당시 각 당끼리의 접촉 및 그 심각한 상황이 반영된 것으로 볼 수 있다.

다른 무엇보다 각 당의 합병과 분열 문제가 이 시기의 지대한 관심사가 되었다. 일본 사회당은 1월의 제5회 전당대회에서 좌우로 분열했으나 곧 있을 선거를 이유로 4월 3일 통일대회를 열었다. 민주당은 자유당과 국민민주당으로 나뉘었다. 구체적으로 민주당 연립파를 주축으로 3월 1일 자유당이 먼저 설립되었다. 이에 대해 민주당 내 당시 여당인 자유당의 매판정책에 고통을 받고 있던 중소자본층을 대표하며 완전한 야당임을 선언한 세력이 국협당(國協黨)의 신정치협의회와 함께 국민민주당을 수립했다.[8]

---

8) 일본 사회주의 조직의 역사를 간략히 살펴보면 다음과 같다. 일본사회당은 1901년에 처음으로 결성되었으나 곧 해체되어 지하로 들어갔다. 제1차 세계대전 동안과 그 이후에 사회주의 조직은 다시 확산되었다. 1936년 사회대중당은 의회에 18명의 의원을 배출했고 50만 표 이상을 얻었다.

1950년 5월 30일에는 전면강화를 요구하는 총궐기대회가 열려 2,000명의 노동자 및 학생이 참가했다. 개최일은 바로 1년 전 공안조 레반대투쟁에서 도쿄의 한 노동자가 경관에게 살해된 날이었다. 이날 정오가 지났을 무렵 한 경관이 대회연설을 메모하고 있는 것을 본 노동자들이 항의하자 군인들이 개입하려고 움직였다. 그때 정부 측 관계자가 기민하게 움직여 일단 충돌은 모면했다. 그러나 폐회 후 시위행진 중 미국헌병이 대열의 후미에서 뒤따르고 있던 7명의 학생들을 체포했고, 그들은 바로 군사재판에 넘겨져 수년간의 형(刑)을 선고받았다. 이에 그때까지 잠자코 있던 시민들까지도 비판 의 소리를 높이기 시작했으며, 결국 그들을 구출하기 위한 서명운동

사회주의 조직들은 1940년대 이후 다시 출현했으나 제2차 세계대전 뒤 억압받았다. 1946년 사회당은 90석의 의석을 얻어 세 번째로 강력한 정당이 되었고, 1년 뒤에는 의회에서 최대다수 의석을 얻어 지도자 가타 야마 데쓰(片山鐵)는 연립정부의 총리가 되었다. 그러나 1948년 10월 보수 주의자들이 권력을 장악했고 사회당은 점진주의자와 혁명주의자로 분열 되었다. 좌파 혁명주의자는 미국에 극력 반대하며 소련 편으로 돌아섰고, 우파 점진주의자는 미국과의 밀접한 군사적·정치적 관계를 점진적으로 완화할 것을 주장했다. 2개 파는 1950년대에 완전히 갈라져 좌파는 일본사 회당, 우파는 민주사회당을 결성했다. 이 2개의 당은 의회 내에서 3분의 1 정도의 의석을 함께 가지고 있지만 이후 소수당으로 계속 머물렀다. 보다 상세한 일본 사회주의운동사는 김철, 『일본 정치와 사회주의 운동』(서 울: 해냄, 2000) 및 조지 O. 타튼, 정광하·이행 엮음, 『일본의 사회민주주의 운동, 1870-1945』(서울: 한울, 1997) 등 참조.

이 광범위하게 전개되었다.

이 당시 전국 각지에서 경찰과 시위대가 충돌하는 사건이 빈번하게 발생했다. 이럴 때면 어김없이 다음날의 신문과 라디오에서는 시위대의 폭력성에 대한 비난이 쏟아졌다. 이러한 경향은 국내적으로는 그해 6월의 참의원 선거 및 국외적으로는 한반도에서의 전쟁으로 더욱 심해져 갔다.

참의원 선거는 6월 3일부터 5일까지 도쿄에서 일체의 집회와 시위를 금지한 계엄상태하에서 시행되었다. 선거 결과 1949년 1월의 중의원 선거와 비교해 볼 때 자유당이 300만 표를 잃었다. 그러나 선거 직후 공산당 전 중앙위원회의 의원과 당 기관지인 '아카하타(赤星)' 논집부 간부 등 17명이 공개추방 명령을 받게 된다. 이러한 정세 아래 6월 16일에는 또 다시 전국적으로 일체의 집회 및 시위 금지 명령이 하달되었다. 이와 같이 혁명세력은 물론이고 전 국민에게 언론 및 집회의 자유를 금지시킨 상태에서 6월 25일 한반도에서는 전쟁이 발발한 것이다.

한국전쟁 개시 후 일본에 대한 단독강화가 거의 확정적이 되는 것을 계기로 공산당에 대한 탄압은 보다 급속도로 진전되었다. 1950년 6월 26일에는 아카하타의 발행정지 명령이 내려졌는데 이를 거부하자, 다음달 18일 공산당 간부 9명에 대해 추방령 위반 명목으로 체포장이 발부되었다.9) 이러한 와중에 7월 13일부터 열린 제8차 임시의회에서 요시다 수상은 '침략의 위험 해소,' '자유국가와의 제휴,' 'UN의 전쟁조치에 대한 협력,' '조기강화의 주장,' '전면강화 및 영세중립' 등은 공론이라고 말하며, 이의 연장선상에서 한국전쟁과 관련 미국을 돕는 것을 적극적으로 주창한다. 또한 상술한 참의원 선거에서 전면강화를 제창한 사회당 내부에서도 우파는 이미 UN과 협력하여 단독강화를 주장하게 된다.

노동운동에서도 극심한 변동이 속출했다. 한편으로는 1950년 7월 11일 국제자유노련(國際自由勞聯)에 연결된 총평(總評)이 결성되었으나, 당시 한국전쟁으로 전반적 분위기가 노동자에 대한 억압의 노골화로 나타나자 이에 자극을 받아 새로운 자각 및 움직임을 표명하는 단계로 나갔다. 예컨대 군사물품 관련 수송이 급격히 증대되자 노동강도가 더욱 거세졌는데, 이때 한 미군 병사가 노동자에게 발포한 사건이 발생했다. 이를 계기로 다시금 노동운동이 격렬해져, 국철노조(國鐵勞組) 및 동맹계(同盟係) 조합 등이 보다 적극적 투쟁을 전개했다. 전쟁 후 5개월이 경과한 11월 국철노조는 UN과의 협력을 거부했다. 또한 12월의 총대회에서는 다음의 선언을 채택한다.

----

9) 7월 18일 이후 일본공산당 간부들은 지하로 숨어들었지만, GHQ는 나아가 적색분자 색출을 지령하여 7월 28일 신문 및 방송관계자에서부터 이를 실시했다. 이는 곧 전국적으로 확대되어 8월 말에는 전국 50사에서 704명이 해고되었다. 계속해서 주로 10월에는 일반 민간기업에서 10,972 명이 해고되고, 나아가 주로 11월에는 관공서에서 1,177명이 해고되었다. 와다 하루키, 『한국전쟁』, 135쪽 참조.

현재의 생산강화 노선으로는 노동자 - 자본가 계급 사이의 힘의 관계가 크게 약화되어 착취가 더욱 심해질 수밖에 없다. 따라서 기존의 생산부흥투쟁(生産復興鬪爭)을 버릴 것을 선언한다.

또한 과거의 금융노련계(金融勞聯係) 조합은 전자운동노조(全自運動勞組)를 중심으로 1950년 12월에 임금공동투쟁위원회로서 재발족하고 어려운 정세하에서도 노조활동을 멈추지 않았다.

1951년에 접어들면서 전면강화를 요구하는 노동자들의 요구가 본격화되었다. 이에 온건파 및 미군에 의해 육성된 일본노동조합총평의회[이하 '총평(總評)']마저 가세하자 당국에서는 이들의 주장을 무시할 수 없었다.[10] 총평의 경우 당시의 정세에 편승하여 일종의 제스처를 보였다고 할 수 있다. 그들은 3월의 제2회 대회에서 '전면강화,' '영세중립,' '군사기지화 반대,' '재군비 반대' 등의 '평화 4원칙'을 내세웠지만 어디까지나 목소리만으로 그쳤다. 예컨대 노동절, 즉 메이데이 투쟁에 관해서도 정부에서 허락해 주지 않자 단지 당국의 공식적 헌법제정기념식전에 참가해 '평화헌법을 지켜라'라는 슬로건만 외쳤다. 일부가 검거되었지만 전원 다음날 훈방 조치되었다.

---

10) 일본공산당은 1951년 2월 23일부터 3일간 비합법적으로 제4차 전국협의회를 개최하여 일반 투쟁방침 및 전면강화투쟁에 관한 결정, 군사방침에 관한 결정을 채택했다. 그중 전면강화투쟁이 '내외 계급투쟁의 초점이자 고리'라고 하면서 '전면강화로 자유·민주 양 당 타도'가 주창되었다. 와다 하루키, 『한국전쟁』, 238~239쪽 참조.

특이한 점은 앞서 기술된 평화 4원칙이 총평 자체의 결함에도 불구하고 원칙에 내포된 '단독강화 반대'가 부각되어 이내 전 노동자의 전폭적인 지지를 받기에 이르렀다는 사실이다. 예를 들어 5월 이후의 각 조합대회에서는 위의 원칙을 반대하는 우파 간부의 지도력이 급격하게 상실되었다. 일본 교직원조합에서는 5월 29일부터 열린 제8회 정기총회에서 평화 4원칙을 진실한 평화 및 자유독립을 쟁취하기 위한 노동계급의 입장이라고 선언했다. 또한 일본노동조합전국평의회[이하 '전평'(全評)] 제4회 대회에서는 이 원칙을 부인하고자 한 수뇌부 몇몇이 예리한 비판을 당했다. 결국 각 노조는 탄노(炭勞)와 재건총동맹(再健總同盟) 등의 소수를 제외하고는 모두 4원칙을 지지하기에 이른다.

이러한 혼란 속에서 좌파와 중간파는 점점 세력을 떨쳐가고 우파는 급격히 몰락했다. 이러한 예기치 못한 상황 아래 1951년 8월 당시 점령군 노동과장은 총평대표에게 평화 4원칙을 철회할 것을 강요하고 불응하면 총평은 분열될 것이라고 위협했지만 총평 측에서는 이를 거부했다. 그리고 9월 1일 결성 이래 처음으로 300만 명을 동원한 평화회의를 열었다. 여기에 크게 고무된 총평의 좌파 간부들은 과거 노선의 결함을 인정하고 8월 노동자동지회(勞動者同志會)를 결성했으며, 보다 계급의식에 철저한 조합을 조직하여 총평을 강화할 방침을 세우게 된다.

단독강화를 반대하며 '일본을 아시아의 고아로 만들지 말라'라고

외치는 소리는 다수의 시민과 지식인을 중심으로 빠르게 전파되었
다. 일찍이 1950년 초부터 재건파 사회당 및 노농공산 양당의 산업별
계(系)조합 등을 중심으로 한 '전면강화애국운동협회(全面講和愛國運
動協會)'가 결성되었고 이후 총평의 종교인을 주축으로 한 '평화진전
국민회의(平和進展國民會議)'가 조직되었다. 후자의 움직임에는 전자
에 대항하여 국제적인 평화옹호운동에서 이탈하는 모습도 보였으
나, 산업별노조는 후자, 즉 평화진전국민회의와의 공동투쟁 방침을
명확히 하여 이를 관철시켰다.

이러한 아래로부터의 움직임과는 별개로 1951년 9월이 되자 국회
에서는 요시다 내각의 여당인 자유당이 절대다수를 점한 상태에서
평화운동과 특히 공산당에 대한 극심한 탄압이 가해졌고, 집회의
자유 역시 정지되었다. 이에 지성인들은 지면을 통해 평화에 대한
강력한 소망을 담았고 민중들은 이에 적극적으로 호응했다. 예컨대
잡지 ≪세카이(世界)≫ 평화문제 특집호인 1951년 10월호는 종래의
발행부수의 수배에 달하는 십여만 부가 판매되었다고 한다.

그러나 일방적으로 무리하게 진행된 강화조약은 미국 측의 각본
대로 1951년 9월 8일 샌프란시스코에서 조인되었다.[11] 일본 대다수

---

11) 일본과 이전 교전국들인 48개국에 의해 조인된 이 조약은 예상했던
대로 소련, 체코슬로바키아 및 폴란드가 서명하기를 거부했다. 한편 같은
날 미국과 일본은 공동방위를 규정한 '미일안보조약'을 체결했다. 두
조약 모두 일본 의회에서는 10월 23일 중의원 및 11월 8일 참의원이

국민의 반대에도 불구하고 조약이 강행된 이유는 여기에 미국 극동 정책의 세 가지 포기할 수 없는 측면이 내포되어 있기 때문이다. 즉 첫째, 미국이 일본을 점령한 후 일본에서의 (소련의 영향을 받은) 공산주의 혁명을 방지하는 데 그 목적을 두었으며, 둘째, 일본을 군사기지화시켜 아시아의 지배권을 확립하기 위해 대일단독강화가 불가피했고, 셋째, 일본을 중핵으로 한 동남아 지배권을 확보하여 이 지역에서의 상품판매시장을 확보하고 또한 이를 영속화하는 데 그 목적이 있었던 것이다.

대일강화조약, 즉 샌프란시스코 강화조약은 이후 1952년 4월 28일부터 정식 발효되었는데, 이는 역사적으로 한반도 분단의 고착화와 긴밀히 연결되어 있다. 한국전쟁 이후 UN을 대표한 미국이 휴전협정을 체결한 지 벌써 수십 년이 흘렀다. 그러나 통일은커녕 평화협정의 체결마저 지연되고 있으며 분단과 관련된 문제의 해결은 점점 요원해지고 있는 듯하다. 우리는 이를 극복하기 위한 현실적인 접근으로써 먼저 장애가 되고 있는 요인들을 분석해야 한다. 이를 위해 상술한 전후 미국의 일본 지배와 단독강화의 체결과정은 문제 해결을 위한 중요한 열쇠가 된다.

비준했다. 김영흠·박무성 외 역, 『미국의 아시아외교 100년사: 20세기 미국·아시아 관계』, 239~240쪽 및 와다 하루키, 『한국전쟁』, 251쪽 참조

제2장 한국전쟁의 발발

1. 독립운동의 고양과 남북분할

1950년 한반도에서 발발한 한국전쟁과 다음 해인 1951년 연합국과 일본 사이 샌프란시스코 강화조약의 체결은 2차 대전의 결과가 아시아 전 민족에게 가장 불평등한 형태로 정착되어 가고 있음을 의미했다.

오랫동안 일본 제국주의의 압제에 신음하고 있던 한반도에서는 1945년 8월 15일을 기점으로 민주주의와 국가건설의 욕구가 폭발적으로 분출되었다. 그 결과 일찍이 8월 17일 서울에서는 건국준비위원회가 조직되고 이후 1개월도 채 못 되어 전국 각지에 위원회 지부가 대중적 형태로 조직되었다. 이 위원회는 지방의 많은 일제통치기관을 대신하여 한반도에서의 유일한 권력기관으로서 활동을 개시했다. 또한 8월 15일을 기점으로 과거 독립운동을 벌이다 감옥에 투옥된 많은 애국지사들이 석방되어 옥중생활의 피로함도 씻지 않고 각지의 인민위원회를 조직, 신조선 건국운동에 적극적으로 참여했다.

그런데 새로운 사회를 건설하기 위한 내부적 열기가 고조되고 있을 때, 한편으로는 외부 강대국이 한반도에 개입하기 시작했다. 1945년 8월 20일 소련군은 북한에 진주했다. 이어 미군도 9월 11일 인천에 상륙했다. 이 두 강대국의 한반도 독립에 대한 태도는 상이했

다. 북한 주둔 소련군은 인민위원회를 합법적인 권력기관으로 인정
했다. 남한 주둔 미군은 인민위원회 및 건국준비위원회를 모두 승인
하지 않으면서 9월에는 이들을 모두 비합법화했다. 대신 그는 오랫동
안 미국에 망명해 있던 이승만(李承晚)을 중심으로 내세웠고 이후
1948년 8월 미국 주도로 이승만을 대통령으로 하는 남한 단독정부가
수립되었다.[12]

　　남한에서의 이승만 단독정부 수립에 대해서 좌익진영을 비롯하여
김구·김규식을 비롯한 일부 우익진영은 강경하게 반대했다. 예컨대
1948년 1월 인도 대표인 메농(K. P. S. Menon)을 의장으로 한 UN한국
임시위원단(UNTCOK) 일행이 남한에 도착했을 때 약 200만 남한
민중의 격렬한 항의 투쟁이 전개되었다.[13] 또한 1948년 4월에는

---

12) 최초 미국은 일본의 패망에 즈음하여 국제조약 이행과 조선의 민족독립
　　을 원조해야 하는 의무 수행을 위해 미군을 주둔시켰다. 다른 한편으로
　　미국은 위의 목적과 관계없이 자국의 국익을 위해 이승만을 한반도의
　　통치권자로 선정했다. 이는 미국이 당초 사전에 계획한 대한(對韓) 정책으
　　로 이승만 자신도 그것이 가능하다고 미국 측에 진언했다. 예컨대 1945년
　　8월 23일 트루먼 대통령은 "현재 미국에는 두 사람의 조선인 정치지도자
　　가 체류하고 있다. 이들은 장차 조선의 독립 및 정부수립에 기여하게
　　될 것이다"라는 성명을 냈다. 그리고 얼마 되지 않은 같은 해 10월 이승만
　　은 조선에 입국했다. 미국 및 친일파와 이승만의 관계에 대한 상세한
　　내용은 허종, 『반민특위의 조직과 활동: 친일파청산 그 좌절의 역사』(서
　　울: 선인, 2003) 참조.
13) 인도는 당시 인도, 캐나다, 호주, 프랑스, 타이완 등 9개 국가로 이루어진

북조선민주민족전선의 제창에 의해 남조선 단독정부 수립을 위한 총선에 반대하는 남북제정당사회단체연석회의가 평양에서 개최되었다.14)

이 회의에서는 이승만과 김성수(金性洙) 일파를 제외한 광범위한 각 당파가 참가했는데, 종래 이승만과 동일한 보조를 취했던 김구(金九)와 김규식(金奎植) 등도 미군정과 이승만의 각종 방해에도 불구하고 여기에 참가했다. 이와 같이 연석회의에서 이승만 정권 출범에 대해 반대한 까닭은 남한에서 남한 주민의 의사와 이익을 제대로

한국임시위원단(UNTCOK)의 위원장 국가였다. 인도는 애초에 남과 북 양쪽에서 선거를 치를 것을 주장했으나 미국의 강요 및 국내문제(공산당에 대한 혐오) 등으로 남북 분단을 고착화할지도 모르는 남한지역만의 선거에 찬성했다. 한 가지 흥미로운 점은 그의 자서전을 보면 메농이 남한만의 단독 선거안을 찬성하게 된 이유 중 하나로 그와 시인 모윤숙과의 관계를 적고 있다. Krishna P. S. Menon, *Many Worlds: An Autobiography* (London: Oxford University Press, 1965), p. 258. 또한 강만길의 다음 저서에서는 메농이 처음에는 남한 단독정부안을 꺼리고 인도의 중립노선과 같은 선상에서 남북통일을 추구하는 김규식의 중도노선에 관심을 모으나, 조병옥·장택상 등과 특히 모윤숙의 활동으로 이승만의 지지로 돌아섰다고 밝히고 있다. 강만길, 『20세기 우리 역사』(서울: 창작과비평사, 1999), 224쪽.

14) '남북연석회의'에 대한 많은 저서 중 특히 한국역사연구회 현대사연구반, 『한국현대사 I』(서울: 풀빛, 1991)에는 남북연석회의의 배경 및 전개과정이 자세히 기술되어 있다.

반영하지 못한 단독정권 수립이 남북한의 분할을 영구화시키고 통일국가건설의 기회를 좌절시킬 수 있다고 생각했기 때문이었다.

실제로 남한 정부는 수립 직후인 1948년 9월 11일 '한미재정 및 재산에 관한 협정'을 그리고 그해 12월 10일 '한미경제원조협정'을 미국 정부와 체결했다. 그런데 이는 형식적으로는 미국의 우방국으로서 남한의 자주성을 전제로 하는 듯하면서도 구체적 내용에서는 남한 정부의 동의하에 남한을 미국의 군사기지 체계 속에 편입시키려는 의도가 포함된 것이었다.[15]

대미친선 관계를 강화하기 위해 대내적으로 자주세력의 합법적 억압정책이 필요했으므로 이승만은 1948년 11월과 12월, '국가보안법'[16] 및 '신문법'[17]을 위시한 일련의 탄압법안 제정에 힘을 쏟았다.

---

15) 예컨대 '한미재정 및 재산에 관한 협정'에는 "미국 정부가 관심을 가진 재산"의 소유권은 미국 정부가 갖는다는 조항이 설정되어 국회에서 심의를 거부할 정도로 주권이 큰 침해를 받았다. 정태헌, 「8·15와 한국 자본주의의 종속적 재편」, 강만길 엮음, 『한국 자본주의의 역사』(서울: 역사비평사, 2000), 246쪽 참조.

16) '국가보안법'은 대한민국 정부가 수립된 지 4개월도 안 된 1948년 12월 1일 공포, 시행되었다. 1948년 11월 발생한 여순 사건을 계기로 남한의 좌익세력을 제거하려는 의도로 서둘러 제헌의회에서 제정한 것이다. 하지만 국가보안법은 일제의 '치안유지법'을 모체로 구성되었고 일제의 잔재를 청산하지 못한 채 반공, 반통일, 반민중적 성격을 그대로 가지고 있었다.

17) 광복 후 미군정의 언론정책은 등록제에서 허가제로 바뀌면서 언론에

실례로 1949년 중 국가보안법에 의해 검거된 사람은 무려 10만 명이 넘었다. 친미독재정부에 대해 비판적 태도를 취한 자는 여지없이 체포되었으며 백색테러는 공공연하게 남한 전역을 휩쓸었다. 이승만에게 비판을 가했던 우익의 거두 김구 역시 1949년 6월 이러한 정부 측 테러의 일환으로 희생되고 만다.

이승만의 정부는 1948년 9월 북한에 수립된 조선민주주의인민공화국에 대해서도 공공연한 적대의사를 표명했다. 북한도 1948년 8월 인민회의선거에 의거해서 9월 9일 정부 수립을 선포했다. 사실 북한에서도 국가 수립을 선포한 것은 남한 정부의 출범에 대한 대응적 조치였다. 미국 정부는 소련의 방해로 인해 미소공동위원회가 그 타결에 실패했고 따라서 협상을 통한 통일정부 수립이 불가능했기 때문에 남한만의 단독정부 수립이 불가피했다고 발표했다. 남북한 모두에서 단독정부가 수립됨으로써 불행하게도 38선은 하나의 국경으로 변질되고 말았다.

대한 통제를 차츰 강화하다가 '신문기타정기간행물법'을 제정하려 했으나 실패했다. 이승만 정부 역시 새로운 신문지법의 제정을 강행, 12월 6일 국무회의에서 이를 심의했으나 언론계의 반발이 너무 거세어 결국 국회에 회부하지 못하고 폐기시켰다. 강준만, 『카멜레온과 하이에나: 한국언론 115년사(1883-1998)』(서울: 인물과사상, 1999), 65~77쪽 참조.

2. 통일의 열정

당시 우리 민족에게 통일은 매우 중요한 의미를 지니고 있었다. 제5회 UN 총회에 제출된 UN한국임시위원단 보고서를 보면 우리 민족이 얼마나 통일을 원하고 있는가를 알 수 있다.

단일민족과 단일언어 그리고 단일문화를 가지고 있는 조선인은 독립된 조선에서 생활하는 것을 갈망하고 있다. 조선의 유일한 목적은 통일이라는 것뿐이다. 2차 대전 후의 조선에서는 통일이 문자 그대로 민족적 해방을 의미하고 있다.

이승만 정부가 수사적 차원에서 무력북진통일을 강조하고 있을 때, 북한은 통일을 쟁취하기 위한 여러 차원의 준비를 하나하나 실행에 옮기고 있었다. 1948년 9월에 열렸던 조선민주주의인민공화국 최고인민회의는 미·소 양 군의 조선으로부터의 철수를 결의하고 양측 정부에 이를 정식으로 요청한다. 이에 대해 소련 정부는 즉각 전면적 동의를 표명하고 북조선 주둔 소련군을 1948년 말까지 철수시켰다. 이승만 정부는 철수를 반대했고 1948년 11월 22일 국무회의에서 미군의 계속주둔을 결의했다. 그러나 당시는 국내외적으로 반대여론이 점점 더 고조되는 상황이었고 또한 워싱턴 역시 자국의 전략적 이해타산을 심각히 고려한 결과 마침내 미군철수는 결정되었다. 결국 1949년 6월 29일 약 500명의 고문단을 남긴 채 미군은

남한에서 철수했다.[18]

한편 자주를 위한 토대라고 할 수 있는 경제발전 영역에서는 북한이 앞서 나갔다. 북한은 사회주의적 개혁과 철저한 노력동원의 결과로 경제부분에서 많은 성과를 거두었다. 이와 반대로 남한은 경제 영역에서 이렇다 할 성장을 하지 못했다.

이와 같은 상황에서 북한은 통일 역량을 강화하기 위해 총력을 기울였다. 북한 인민들은 '민주기지론'에 따라 통일을 위한 정치적·경제적 기초를 다지는 데 총동원되었다. 남한에서는 남로당을 중심으로 단정 반대투쟁 및 정부타도 투쟁이 전개되고 있었다.

당시 통일 투쟁은 북한에 의해 주도되었다. 예컨대 1949년 6월 남북노동당은 합당하여 조선노동당이 되었고 6월 25일부터 3일간에 걸쳐 조국통일민주전선결성대회(祖國統一民主戰線結成大會)가 열렸다. 대회 선언문에서는 한반도 전 민중에게 불필요한 고통을 주고 분열을 바라고 있는 곳은 이승만과 그 추종자, 그리고 미국 정책을

---

18) 소련군은 1948년 12월 북한을 떠났으며, 1949년 초가 되자 모스크바는 미국의 계속적인 남한 주둔이 미 제국주의 본성을 드러내는 일이라고 적극적으로 비난하고 나섰다. 소련이 미군의 남한 잔류를 선전무기로 삼고 있었으므로 트루먼 행정부는 크게는 전 세계적 차원의 미국의 권위, 작게는 대한민국에 대한 국제적 지지가 저해될 우려가 있다고 판단하여 이내 보완조치의 시행과 함께 본격적인 철군정책을 입안했다. 이완범, 「한국전쟁의 국제적 기원: 세계적 냉전의 동북아 침투」, 한국전쟁연구회 편, 『탈냉전시대 한국전쟁의 재조명』(서울: 백산서당, 2000), 130~131쪽 참조.

지지하는 세력들뿐이며, 이에 대해 조선의 분단을 제거하고 조국통일을 갈망하는 모든 민주세력은 통일정부 실현을 위해 투쟁할 것임을 강조하면서 사실상 전쟁준비를 독려했다.[19]

이승만 정부는 한반도 분단을 반대하면서 평화통일을 주장하는 운동은 허용하지 않았다. 남한 내 통일 투쟁은 남로당이 주도한 1948년 4월의 제주도무장봉기 및 그해 10월의 여수-순천 사건 등을 계기로 무장저항 형식을 띠었다. 남로당은 이승만 정부를 붕괴시키지 않고는 공산세력 주도의 조국통일이 불가능하다고 판단했다. 무장유격대는 지리산, 태백산 등을 위시하여 그 근거지를 점차 강화하면서 사실상 무장 통일투쟁을 전개했다. 그러나 군경의 반격으로 이 투쟁은 결국 실패하고 말았다.

3. 개전 전야와 전쟁의 시작

그 즈음 미국은 냉전에서 열전으로의 전환을 필요로 했다. 한반도

---

19) '민주기지론'을 위시한 한국전쟁 전 북한의 통일전략에 대한 소개는 김점곤, 「한국전쟁과 김일성의 통일전략」, 김철범 편, 『북한의 인식 12: 한국전쟁을 보는 시각』(서울: 을유문화사, 1989), 93~146쪽 참조. 특히 131~135쪽에는 각각 6월 18일 김일성이 전방 각 사단장에게 명령한 '정찰명령 제1호'와 6월 22일 다음날인 23일 12시까지 공격준비를 완료토록 한 '전투명령 제1호'가 인용되어 있다.

는 그 적절한 전화점(轉化点)의 역할을 한 것이다. 한반도는 전략적 중요성이 대단히 높고 전쟁 개시 전 친미 이승만 정권도 심각한 위기를 겪고 있었다. 여기에 더해 극동지역에서 최대의 미군병력이 파견되었던 일본과의 거리도 매우 가깝다는 이러한 여러 가지 요소가 절묘하게 맞아 떨어진 것이다.

한반도 분단의 보다 큰 책임은 미국과 소련 그리고 민족 내부의 좌·우익세력 모두에게 있다. 그러나 보다 큰 책임은 이승만과 민족 분열세력에게 있다. 이들은 전 민족의 통일염원이 전국적으로 고조되고 있을 때 '북진통일' 및 '북벌'을 공공연히 주장하면서도 결코 통일을 바라지 않았다. 이러한 상황 아래 1949년 11월부터 후방의 안전을 확보하기 위해 대대적인 게릴라 진압작전이 개시되고 이는 점차 더욱 격화되었다.

이승만은 1949년 12월 30일 기자회견에서 새해에는 통일을 이룩하지 않으면 안 되며, 남한 정부는 지금까지는 UN과의 협의를 존중해 대화로써 통일을 성취하기 위해 노력해 왔지만 이것이 불가능하다고 판단되면 무력도 불사할 것임을 천명했다. 또한 만일 불행하게 금년 내에 통일을 이루지 못하면 무력 통일도 배제하지 않겠다고 강조했다. 그보다 몇 달 앞선 기자회견에서 그는 한국군의 훈련이 착착 성과를 올리고 있음을 지적하면서 한국군은 3일 이내 평양을 점령할 수 있다고 호언하기도 했다.

그런데 당시 이승만이 그렇게 자신하고 있던 한국군은 사실상

주한미군 고문단장인 로버트 소장 지휘 아래 있었고 장비, 탄약 등의 모든 것을 미국의 보급에 의존하고 있었다. 바로 이런 이유 때문에 이승만이 북한의 정복을 호언장담한 것은 미국과 무관하지 않다는 것이다. 다른 예로 1950년 5월 10일 미 하원의 한 위원회에서 한국담당 고위관계자는 미군장비로 무장하고 미군 고문단에 의해 훈련된 10만의 한국군은 언제든지 전쟁을 개시할 태세를 취하고 있다고 증언했다. 또한 방한(訪韓)한 미 국무성 고문인 덜레스는 1950년 6월 20일 장병들에게 "제군들의 힘을 발휘할 날이 그리 멀지 않다"라고 말했다. 이러한 일련의 발언을 통해 우리는 당시 이승만이 미국의 정책방향을 얼마나 충실하게 따르고 있었는지를 알 수 있다.

1950년 6월 25일 미명을 기하여 북한의 주력부대는 서쪽의 옹진반도로부터 동해까지 38도 선 전 전선에 걸친 전면 남한침공을 개시했다. 이렇게 시작된 전쟁은 국제법상으로는 국가 간의 전쟁이 아니고 동일민족 사이의 대립으로 정권 간의 충돌, 즉 국내전의 성격을 지니고 있다. 그렇지만 미국은 이를 공공연하게 간섭하여 전쟁의 성격을 돌변시켰다. 그 결과 전쟁은 국내전으로부터 국제간섭에 대한 외국군 침공에 대한 한반도해방을 위한 독립전쟁의 성격으로 변모하게 되었다.[20]

---

20) 한국전쟁을 내전으로 보는 대표적 학자는 커밍스, 할러데이, 메릴 등이

전쟁 발발 당일 UN 안보이사회는 북한의 한국침공을 평화의
파괴라고 규정하고 며칠 뒤인 27일 한국에 대한 무력원조를 표결에
부쳐 압도적인 표차 — 찬성 7, 반대 1(유고슬라비아), 기권 2(소련 및
인도) — 로 결의하게 되었다. 그리고 7월 7일에는 UN군 총사령부를
설치하게 된다. 애초 UN의 '세계에 대한 경찰행동'은 이런 왜곡된
행위를 위한 방안 마련이 아니었다. 당시 행해진 결의는 UN헌장을

다. 커밍스는 조선왕조 및 일제시대를 거치면서 심화된 사회경제적 모순 및 계급갈등을 해소하기 위해 현상타파적 혁명이 필요했고 실제로 이러한 세력이 대두했으나 남한을 점령한 미국의 제국주의 및 현상유지 정책, 그리고 한반도 내의 보수반동 세력이 이를 좌절시키고자 했으며 그 둘 사이의 갈등이 내전으로 폭발했다고 본다. Bruce Cumings. *The Origins of the Korean War*, Vol. I: Liberation and the Emergence of Separate Regimes, 1945-1947(Princeton: Princeton University Press, 1981) 및 Bruce Cumings. *The Origins of the Korean War*, Vol. II: The Roaring of the Cataract, 1947-1950(Princeton: Princeton University Press, 1990) 참조. 할러데이는 한국전쟁은 기본적으로 '민족해방전쟁'이므로 누가 먼저 전쟁을 시작했느냐를 따지는 것보다는 한반도의 분단과 그 고착화의 과정에 대한 논의를 보다 더 심화할 것을 주장했다. Jon Halliday, "The Korean War: Some Notes on Evidence and Solidarity," *Bulletin of Concerned Asian Scholars*, Vol. 2, No. 3(July 1979) 참조. 메릴은 전쟁의 기원을 단일민족이 두 개의 국가로 갈라진 상황, 한민족 내부의 뿌리 깊은 계급적 갈등과 여기서 파생된 이념적 대결, 분단 이후 깊어진 내란적 무력충돌 등에서 찾았다. John Merrill, Korea: The Peninsular Origins of the War (Newark, N. J.: The University of Delaware Press, 1989) 참조.

위반하고 또 내용적으로도 소련 대표가 빠진 가운데 강행된 점이 지적되어야 한다. UN군 역시 그 편성을 보면 93.47%가 미군과 한국군에 의해 구성되었다. 기타 파병국의 병력은 상징적인 의미 이상이 아니었으며 실제 파병에 참여한 국가도 16개국에 지나지 않았다. 이를 두고 UN의 경찰행동이라고 부르는 것은 무리다.

더욱이 미국은 안보리의 결의 이전에 벌써 합법적인 절차를 무시하고 군사행동을 개시했다는 것에도 주목해야 한다. 트루먼 대통령이 정식으로 미국의 한반도 출동령을 발한 것은 6월 27일인데, 이를 통해 알 수 있듯이 미군은 안보리의 결의가 알려지기 전에 행동을 개시한 것이다. 또한 실제 미 공군은 이보다 훨씬 앞선 6월 26일 이른 아침부터 출격을 시작했다.

전쟁의 발발과 미국의 무력간섭 덕으로 붕괴 직전에 있던 이승만 정권은 일시적으로 고경(苦境)에서 탈피하게 되었다.21) 한편 1950년 6월 17일 트루먼 대통령은 인민해방군의 타이완 진출을 무력으로 저지하겠다는 성명을 냈고 이를 위한 제반조치로 인해 장제스 정권은 붕괴를 면하게 된다. 또한 전쟁 발발을 계기로 인도, 베트남

---

21) 일찍이 1952년에 출판된 미국의 좌파 언론인 스톤의 저서 역시 남한의 국내상황에 주목했다. 그는 남한의 이승만 정부가 국내 정치적으로 위기에 직면에 있었고 이를 위한 타개책으로 맥아더 및 장제스와 함께 북한의 전면침략을 '도발'했다고 주장했다. Isidore F. Stone, *The Hidden History of the Korean War*(New York: Monthly Review Press, 1952) 참조.

및 필리핀의 민족해방운동을 진압하기 위한 미국의 군사적 원조 역시 비약적으로 강화되었다.

한국전쟁의 발발로 미국의 군수경제는 활성화되었다. 예컨대 전쟁으로 인해 한반도 및 극동지역에서의 미국의 독점자본의 이익이 크게 신장되었다. 미국 독점자본의 세인(稅引) 후 전시이윤을 보면 1차 대전 때는 약 200억 달러, 2차 대전 때는 약 480억 달러이던 것이 한국전쟁 때는 약 580억 달러에 달했다. 또한 이 전쟁은 경제의 군사화를 골간으로 한 미국의 군비확장,[22] NATO국의 연합강화, NATO군의 창설, 서독의 재무장과 NATO군 편입, 일본의 경찰예비대 창설과 공공연한 군국주의 부활의 추진 등의 직접적 계기가 되었다. 이러한 조치를 통해 미국의 세계지배 역량은 한층 강화되었고 자국 내 경제공황의 위기도 모면했다.

---

22) 트루먼 정부는 북한의 남침이 유럽 또는 중동에 대한 소련의 대규모 군사 공세를 암시하는 전조(前兆)라 판단하고, 국방예산의 3배 증액을 권고한 NSC-68(안보각서 68호)을 실행에 옮기게 되었다. 존 루이스 개디스, 『새로 쓰는 냉전의 역사』, 150쪽 참조. 1953년 7월 9일 개최된 미 프린스턴 세미나(Princeton Seminars)에서 애치슨과 그의 동료들은 NSC-68과 관련 "한국이 우리를 구해주었다. 이 점에 대해서 하느님께 감사한다"라고 말함으로써 한국전쟁이 NSC-68을 정당화시켜 주었다는 점을 시인했다. 한국전쟁과 NSC-68의 보다 자세한 관계는 신복룡, 『한국분단사연구』(서울: 한울, 2001), 610~614쪽 참조.

4. 전국(戰局)의 전환

중화인민공화국은 한국전쟁 발발과 동시에 제국주의 침략과 투쟁하기 위해 일어선 북한에 대해 강한 연대성을 표명했다. 이후 UN군의 38선 돌파작전에 대해 주은래는 9월 30일 성명을 내어 "조선에 대한 미 제국주의 침략은 절대 묵인하지 않을 것이다"라고 경고한다. 또한 10월 6일 인도의 네루 수상 역시 "미국의 38선 돌파는 중공군의 개입을 초래할 것이다"라는 경고를 했다. 그러나 UN군은 이러한 경고를 무시하고 9월의 인천상륙작전 이후 곧 38선을 돌파 10월까지 북조선 깊숙이 진격을 계속하여 10월 26일에는 중국 국경지대인 초산(楚山)지역까지 진격하기에 이른다.

중국은 UN군의 북진에 대해 미국이 현재 한반도, 월남 및 타이완의 세 방면으로부터 중국에 대해 침략을 도모하고 있고 이 중 가장 중요한 것은 한반도이며, 따라서 한국전쟁을 더 이상 방관할 수 없다는 강력한 의사표명을 계속적으로 해왔다. 결국 중국에서는 전국 규모의 '항미원조(抗美援朝)' 및 '국경보위(國境保衛)'의 일대운동이 전개되고 이후 10월 25일에는 인민지원군을 한반도로 출동시켰다.[23]

---

23) 중국군이 한국전쟁에 개입하게 된 요인은 매우 복합적이나 다음의 세 가지로 정리할 수 있다. 첫째, 중국의 안보에 대한 미국의 위협, 둘째, 스탈린의 종용 및 같은 사회주의 국가인 북한을 버릴 수 없었던 것,

그해 겨울 UN군의 성탄절 공격에 대해, 청천강 이북의 산악지역에서 재편성과 정비를 마친 조선인민군과 대규모의 병력을 총동원한 중공군은 합세하여 총반격을 시도한다. 이 대전에서 UN군은 야전사령관인 워커(W. Walker)가 전사하는 등 극심한 피해를 입고 패퇴를 거듭했다. 이내 전세의 주도권은 공산군 측으로 넘어가 버렸다. 그리고 그 후 UN군은 진지전으로 변한 전국(戰局)에서 끝없는 소모전을 강요당하게 된다. 당시 1951년 6월 22일자 미국 *US Report* 지에서는 "조선에서의 끝이 없는 제한된 전쟁으로 인한 1년간의 손해는 태평양전쟁 당시의 소모를 훨씬 상회하고 있다"고 지적했으며, 이보다 앞선 1951년 3월 20일 리지웨이(M. B. Ridgway) 미 8군 사령관은 "만약 전쟁이 38도 선에서 계속되기만 한다면 그것은 명예로운 승리가 될 것이다"라고까지 말했다.

5. 휴전교섭

1951년 6월 23일 UN 주재 소련대표인 말리크(J. Malik)는 휴전교섭의 개시를 제의했으며, 전쟁정책이 막다른 골목에 서게 된 것을

셋째, 중국 내전에서의 북한 지도부와 조선인들의 도움. 한편 중국참전의 결정과정에 있어서 중국과 소련의 '밀고 당김'에 대한 논의는 매우 흥미로운데, 박명림, 『한국 1950: 전쟁과 평화』(서울: 나남, 2002), 463~502쪽에 이에 대한 내용이 정리되어 있다.

인지한 미국은 이를 받아들인다. 휴전교섭의 개시는 한반도 문제의 평화적 해결을 요구하고 있던 우리 민족에게는 다행스러운 일이다. 또한 평화적 휴전 교섭은 세계 평화수호세력의 힘이 그만큼 강대해졌다는 것을 뜻하기도 한다. 당시에는 이미 1950년 11월의 바르샤바 대회, 1951년 2월의 베를린평의회, 1952년 10월의 아시아태평양지역평화회의, 같은 해 11월 빈(Wien)에서의 제국민평화회의 등을 통해 모든 국제분쟁의 평화적 해결을 요구하는 목소리가 점점 커지고 있었다.

한국전쟁을 계기로 미국은 다른 자본주의국가에 대해 재군비를 강요하고, 원료자원의 독점을 추구하며, 동서무역금지를 요구했다.24) 이로 인해 많은 국가들의 재정적 부담이 커졌다. 국제수지는 역조(逆調)했으며 경제공황의 위험이 더욱 가중되었다. 특히 미국이 요구한 동서무역금지 조처의 폐해가 컸다. 예를 들어, 1938년과 1950년의 동서무역액 수준을 비교해 볼 때 수출은 1938년의 25억 달러에서 6억 900만 달러로, 수입은 같은 기간 10억 4,500만 달러에서 6억 900만 달러로 급감했다. 이로 인해 자국의 손해규모가 급증하자

---

24) 한국전쟁 이후 미국의 정책 변화는 냉전을 가속화시키는 역할을 했다. 같은 맥락으로 저비스는 만약 한국전쟁이 없었다면 세계사는 달라졌을 것이라고 주장한다. Robert Jervis, "The Impact of the Korean War on the Cold War," The Journal of Conflict Resolution, Vol. 24, No. 4(Dec. 1980) 참조.

많은 서유럽 국가에서는 미국의 경제 봉쇄를 어기면서까지 동서무역의 확대를 추구하게 된다.

1952년 4월 모스크바에서는 국제경제회의가 개최되어 47개국 47명의 대표가 모여 각국의 경제적 구조와 사회제도가 상이함에도 경제관계를 회복시키고 발전시킬 것에 대한 협의를 진행한다. 여기에는 미국, 일본 및 서독을 제외하고는 주요 자본주의 국가 모두가 참석했으며, 회의 결과 2억 파운드 이상의 거래가 성립되었다. 또한 국제무역발전진흥위원회가 상설되고 동서무역을 더 한층 발전시키기로 합의했다. 이러한 성과는 미국의 전쟁정책의 파탄을 의미하는 것이면서 동시에 양 체제의 공존 가능성에 관한 현실적인 근거를 제공하는 것이 되었다.

결과적으로 한국전쟁은 대전 후 제국주의의 체제적 위기를 불가피하게 촉진하는 방향으로 작용했다. 그리고 그러한 이유에 기인하여 1953년 7월 휴전이 성립된 것이다. 즉 미국이 자국의 제국주의 정책이 전 세계적 도전을 받는 상황이 심화되어 가자 이를 일단 멈추기 위해 휴전을 받아들인 것이다.

제 4 편

조국분단과 통일문제

제1장 분단과정과 분단의 고착화

　주지하듯이 한반도에서 분단이 발생하고 심화된 것은 두 가지 요인이 복합적으로 작용한 것이다. 그 하나는 미국과 소련의 대한반도정책에 의해 생성된 '외적 요인'이다. 다른 하나는 남북 두 개의 정권출범이라는 민족적 오류에 의한 '내적 요인'이다. 외적 요인은 보다 직접적 분단원인으로서 미·소군은 일본군의 항복을 접수하고 무장을 해제할 목적으로 군사분계선을 잠정적으로 결정하여 한반도를 분단시켰다.[1] 남한의 내적 요인으로서는 이승만과 미국의 대한

---

[1] 1945년 8월 10일 심야에 진행된 미국 국무부 - 육군부 - 해군부 삼부조정위원회(SWNCC)에서는 육군대령 2명에게 옆방에 가서 30분 내로 한반도 분할안을 만들어내라는 명령을 내렸다. 그중 한 사람은 뒤에 주한 미군사

민국 단독정부 수립 계획을 들 수 있다. 북한의 내적 요인으로서는 비록 시차가 있었지만 단독정부에 대응하여 소련군정의 비호(庇護) 아래 역시 조선민주주의인민공화국이라는 단독정권을 수립한 것을 들 수 있다.

이렇게 남한과 북한에서는 서로 체제와 이념을 달리하는 두 개의 상이한 국가를 형성했다. 결국 이러한 상호간의 이념, 이상 및 제도상의 갈등이 폭발해서 한국전쟁이라는 민족적 비극이 발생했다. 3년간의 동족상잔은 서로에게 막대한 희생을 강요했다. 1953년 7월 휴전 이후의 상황은 과거와는 사뭇 다르게 전개되었다.

1948년 한반도 남쪽에는 대한민국이 수립되어 UN 총회의 의결로 한반도 유일의 합법적 정부로 국제적인 승인을 받았지만, 북쪽의 조선민주주의인민공화국은 유엔 감시하의 선거를 통한 정부가 아니었기 때문에 정통성을 인정받지 못했다. 그러나 휴전협정이 성립된 이래 현실적으로 국제사회에서 북한의 존재를 무시할 수 없는 상황이 되어왔다. 또한 휴전협정의 당사자가 남한이 아닌 북한과 미국이

령관을 역임하게 되는 본스틸(C. Bonsteel)이었고 다른 한 사람은 뒷날 국무장관으로 임명된 러스크(D. Rusk)였다. 러스크에 따르면 당시 소련군의 한반도 진주 상황을 고려할 때 38도 선은 너무 북쪽으로 올라가 있었기 때문에 소련 측이 반발할 것이라 우려했고, 만일 반대한다면 남쪽으로 내리긋는 방안을 제기하려고 했다. 그런데 소련 측이 이를 한마디 반대도 없이 그대로 받아들여서 미국 측도 깜짝 놀랐다고 한다. 정용욱, 『존 하지와 미군 점령통치 3년』(서울: 중심, 2003), 15~17쪽 참조

라는 사실 역시 이후의 상황 전개에 복잡한 영향을 미치고 있다.

남북으로 갈라진 지 반세기가 지난 오늘의 우리 상태는 분단상황으로 비롯된 문제의 심각성이 완화된 것이 아니라 오히려 악화되고 있다. 이러한 심각한 상황을 타개하기 위해서는 무엇보다 통일의 개념을 하나의 논리적 측면에서 정립해야 할 필요가 있다. 통일 개념이 형식적이고 도식화된 상태에서의 통일 논의는 생산성이 극도로 낮을 뿐더러 오히려 우리나라의 생존권마저 위협할 수 있는 양날의 칼이 될 수 있기 때문이다. 그리고 이 작업을 위해 우리에게는 무엇보다 먼저 주체성 확립에 기반을 둔 통일의지가 요구된다.

1. 한반도 분단의 과정

한반도의 분단은 2차 대전의 전후 처리과정의 산물이다. 구체적으로 이는 1945년 2월의 얄타 협정, 7월의 포츠담 선언, 12월의 모스크바 3상회의 등 국제협약 결정사항의 일환이었다.[2] 한반도의 분단과

---

2) 특히 제2차 세계대전 전시외교에서의 한국 문제의 논의와 관련해서는 신복룡, 『한국분단사연구』, 63~69쪽 참조. 여기에는 1943년 3월의 워싱턴 회의, 1943년 11월의 카이로 회의, 1943년 11~12월의 테헤란 회의, 1945년 1~2월의 얄타 회의, 1945년 5~6월의 스탈린 - 홉킨스 회담, 1945년 7~8월의 포츠담 회의, 1945년 9~10월의 런던 외상 회의의 한국 관련 논의가 상세히 정리되어 있다.

관련 특히 중요한 모스크바 3상회의에서는 한반도 문제를 해결하기 위해 자주국가 수립에 적극 협조하고, 이와 관련한 신탁통치안(案)을 검토하기 위해 미·소 양국은 미소공동위원회를 2주일 이내에 개최할 것임을 선언했다.3)

외신을 타고 국내에 신탁통치안이 알려졌을 때 그 내용은 구체적이지도 않고, 단지 신탁통치라는 용어만이 크게 들렸을 뿐이었다. 이윽고 한국에서는 우익과 좌익을 가릴 것이 없이 일제히 반탁의지를 표출했다. 좌익의 경우 얼마 뒤에 찬탁으로 돌아섰지만,4) 우익에

3) 1945년 12월 27일 발표된 모스크바 3상회의의 결정을 요약하면 다음과 같다. ① 조선민주임시정부를 수립한다. ② 조선민주임시정부의 수립을 위해 미·소 점령군사령부의 대표들로 구성되는 공동위원회를 설치한다. 이 위원회는 조선의 민주적 정당·사회단체들과 협의한다. ③ 공동위원회의 제안은 조선민주임시정부와의 협의를 거쳐 4대국의 조선에 대한 5년 이내의 신탁통치에 관한 협정의 검토를 위해 미·영·중·소 4대국 정부의 합동심의에 부친다. ④ 미·소 점령군사령부의 대표로 구성되는 회의를 2주 안에 개최한다. 김학준, 「분단사의 재조명」, 『분단과 통일 그리고 민족주의』(서울: 박영사, 1984), 49~50쪽 참조.

4) 당시 좌익이 '찬탁'으로 급선회한 이유를 두고 크게 ① 소련 지령설, ② 스스로의 판단이라는 설, ③ 정치적 주도권을 위한 싸움이었다는 주장, ④ (우익의 주도권에 대한) 반사작용설 등의 네 가지 설이 있다. 한편 신복룡은 이러한 이유보다 좌익은 모스크바 3상회의 결정 중 특히 '임시정부의 수립'이라는 약속에 커다란 기대를 걸었기 때문에 입장을 바꾼 것이고 이런 점에서 좌익이 찬탁이었다기보다 모스크바 3상회의의 결정

서는 김구 및 임시정부의 인물들이 주도해서 '신탁통치반대국민총
동원위원회'를 설치하고 반탁운동을 이끌었다. 이승만은 반탁운동
이 김구를 중심으로 전개되는 정세에 위기를 느꼈지만, 당시 반탁의
열기가 너무 거세어 따를 수밖에 없었다. 예컨대 12월 30일 이른
아침 3~4명의 무장한 무리들이 반탁에 미온적이라는 이유로 한민당
총무 송진우의 집을 습격하여 잠자리에 누워 있는 그를 암살했다.[5]
이토록 반탁의 열기가 뜨거워지자 하지(J. R. Hodge)와 미군정 당국은
크게 당황할 수밖에 없었고, 이내 애초의 입장에서 발을 빼기 시작했
다.[6]

을 지지했다고 하는 것이 보다 설득력이 있다고 보고 있다. 신복룡, 『한국
  분단사연구』, 297~324쪽 참조.

5) 1945년 10월 20일 미국 *Stars and Stripes* 지(紙)에 미 국무성 극동국장
  빈센트(J. C. Vincent)가 미국외교정책협의회와의 대담에서 "한국은 자치
  능력이 없기 때문에 신탁통치를 실시한다"라는 발언이 실렸고, 10월
  23일에는 《매일신보》를 통해 국내에 보도되었다. 신복룡, 『한국분단사
  연구』, 298~305쪽.

6) 1945년 1~2월의 얄타 회의에서 루즈벨트는 스탈린에게 한국의 신탁통
  치에 관한 문제를 꺼냈다. 그는 소련과 미국 그리고 중국의 대표로 구성되
  는 신탁통치를 한국에 실시할 생각이 있다고 말하면서, 이 문제에 대해
  미국의 유일한 경험은 필리핀인데 거기에서 필리핀 국민은 자치를 위한
  준비기간으로 50년이 소요되었다고 말했다. 한국의 경우에는 20~30년
  이면 될 것이라고 루즈벨트가 말하자 스탈린은 그 기간이 '짧으면 짧을수
  록 좋다'라고 했다. 한국의 신탁통치에 영국이 참여하는 것은 이후 결정되

국내에서는 신탁통치 문제로 정국이 혼란했지만, 모스크바 3상회의의 결정사항은 그대로 집행되었다. 2주 내에 미·소 점령군사령부의 대표로 구성되는 회의를 열기로 한 결정에 따라 미군과 소련군의 대표는 1946년 1월 관련 회의를 갖고 다음 사항을 발표했다.

조선을 일제 식민지로부터 해방시키고 조선의 자주적인 민족독립을 쟁취하기 위해 일제의 잔재 및 봉건 잔재를 완전히 청산한다.
조선인민의 자주주권 쟁취에 방해가 되는 친일파 민족 반역자들은 조선독립과 관련된 문제해결에 참여해서는 안 된다.
조선에 어떤 나라의 군사기지나 보루를 설치해서는 안 된다.
조선의 자유독립 국가수립을 위해 조선의 제 정당 및 사회단체 대표를 참가시켜 협의대상으로 삼는다.
조선은 통일정부 수립 후 미·소·영·중 4대국의 5년간 신탁통치를 받는다.

이어 같은 해 3월 20일 서울 덕수궁에서 미소공동위원회가 개최되었고, 4월 17일에는 '공동성명 제5호', 즉 "조선의 제 정당 및 사회단체 대표를 참가시켜 통일정부 수립에 관한 협의대상으로 삼는다"라는 내용이 발표되었다.7) 그러나 이 성명에 담긴

없다. 신복룡, 『한국분단사연구』, 66~68쪽 참조.
7) '공동성명 제5호'의 핵심은 미소공동위원회의 협의 대상이 되고자 하는 정당 및 사회단체는 다음과 같은 서약서에 서명함으로써 모스크바 결정

정당 및 사회단체의 자격심사 과정에서 의견 차이가 노출되어 얼마 후 회담은 무기한 연장된다. 협의대상 선정에 있어 미군정 대표는 좌익계 정당 3개 및 사회단체 3개의 도합 6개 대표들만 선정한 반면 우익계는 30개 단체를 선정할 것을 요구했다. 소련 대표부의 주장은 좌익계 7개 단체와 우익계 참가회원 1만 명 이상의 단체를 선정할 것과 그중 친일 및 민족 반역자를 제외할 것을 내용으로 했다. 이는 모스크바 3상회의의 결정에 반대하거나 앞에 기술된 의무사항의 1항과 2항에 해당하는 자는 제외시켜야 한다고 보았기 때문이다.

미·소 양 대표부의 상이한 견해로 회담이 무기한 연기된 가운데 미군정은 좌경 정당 및 사회단체의 불법을 선포하고 탄압하기 시작했다. 이로 인해 조선공산당과 노동조합은 지하로 들어갔으며 이상의 조치에 점차 격렬하게 반발하기 시작했다. 예컨대 1946년 9월

을 지지하라는 것이었다. "우리 ○○○은 조선에 관한 모스크바 결정 제1항에 명시된 바 '조선을 독립국가로 재건하고, 민주주의적 원칙 위에 이 나라를 발전시키기 위한 조건을 창출하며, 조선에 대한 일본의 장기적 지배로 인해 빚어진 비극적 결과를 가급적 조속히 종식시킨다'는 모스크바 결정의 목적을 지지한다. 그뿐만 아니라 우리는 조선민주주의임시정부를 수립함에 있어서 모스크바 결정 제2항을 이행한다는 공동위원회의 결정을 따른다. 더 나아가서 우리는 조선민주주의임시정부에 참여함으로써 모스크바 결정 제3항에 예시된 방법에 관한 제안을 수행함에 있어서 공동위원회에 협조한다." 신복룡, 『한국분단사연구』, 338쪽 참조.

우리나라 최초의 전국적인 노동조합 조직인 조선노동조합전국평의회[이하 '전평(全評)'] 산하 서울철도국 경성공장과 기관구종업원(機關區從業員)들은 쌀 배급과 임금인상을 요구하는 1주일간(9월 16~21일)의 전국총파업에 들어갔다.

철도 당국이 시한까지 회답을 하지 않자 23일과 24일, 부산철도종업원과 서울운수부 내의 기관구 중심의 20개 노동단체가 태업에 들어갔다. 또한 출판노조의 동정태업과 경전(京電)의 태업 가세와 대구를 중심으로 한 '10월 항쟁'으로 사태는 확산되었다. 전평은 노동자들의 경제적 이익을 추구하며 극좌 성향을 거부했으나 찬탁운동 참여 및 적극적인 노동운동 등으로 미군정에 맞서왔다. 이에 미군정은 대한독립촉성노동총연맹(大韓獨立促成勞動總聯盟)과 우익 청년단체, 경찰을 동원하여 전평의 파업본부를 진압했다. 이후 1947년 미군정이 좌익노동운동단체를 불법화하자 전평은 지하로 잠입했다.8)

이후 미소공동위원회는 1947년 5월 21일 속개되었으나 앞에서

---

8) 전평의 활동에 대한 보다 상세한 사항은 안태정, 『조선노동조합전국평의회』(서울: 현장에서 미래를, 2002) 참조. 또한 안태정, 「미군정기 조선노동조합전국평의회의 정치, 경제적 지향」, 성대경 엮음, 『한국현대사와 사회주의』(서울: 역사비평사, 2000)에서는 전평의 활동과 각종 성명, 출판물들을 구체적으로 분석하여 당시 전평이 지향한 사회상이 무엇이었는지를 정리하고 있다.

갈등을 빚은 문제가 다시 불거져 나와 이후 10월 말에 이르러 회담은 결렬되고 만다.9) 미소공위가 결론을 내리지 못하자 미국은 한반도 문제를 UN 총회에 상정시키려고 했다.10) 한반도 문제를 유엔에 상정한 후 미국은 소련 측 대표에게 서울에서 철수할 것을 요청했다.

미국과 소련의 대표단이 신탁통치 찬반과 관련한 논쟁을 벌이고 있을 때 남한에서는 이를 두고 연이어 무력충돌이 발생했다. 당시의 남한 사회는 반탁과 찬탁을 사이에 두고 좌우익의 정당 및 사회단체가 각기 상반된 구호를 외치며 군중집회 및 시위를 강행하여 쌍방 충돌이 심화되어 갔다. 그런데 반탁운동에 나서는 인원은 점점 감소했다. 좌익진영은 모스크바 3상회의를 지지해야만 민족독립을 쟁취할 수 있다는 명분을 내세웠다. 미군정의 헌병, 경찰 등의 공공연한 탄압과 백주의 테러행위에도 불구하고 찬탁을 지지하는 각종 사회단체, 학생, 시민, 노동자, 농민 등의 시위가 있었다.

당시 한반도에 진주한 미군정은 대(對)한반도 정책의 추진을 위해 이승만에게 큰 기대를 걸었다. 그러나 이 시기 남한 국내 상황은

---

9) 미국은 이미 1947년 8월 소련과의 공동 합의 도달을 포기하고 정돈 상태에 빠진 교섭을 9월 8일 태평양 4대국, 즉 영국·소련·중국·미국이 참가하는 워싱턴 회의(Washington Conference)에 회부할 것을 제안했다. ≪동아일보≫ 1947년 8월 31일자. 신복룡, 『한국분단사연구』, 351~352쪽에서 재인용.

10) 한반도의 신탁통치는 루즈벨트의 전후 구상과 긴밀히 연결되어 있다.

미군정 당국 및 이승만에게 결코 유리한 국면이 아니었다. 당시 한반도 전역에 걸쳐 자주적 민족독립을 쟁취하려는 민주세력은 민족자결에 원칙을 두고 민족대표 권력기관인 조선인민위원회를 수립하고 완전한 수권태세(受權態勢)를 갖추어 전국 각지에서 조직을 완료하고 있었다. 이에 당황한 미군정과 이승만은 불가피하게 정책전환을 꾀할 수밖에 없었다. 그 결과 한반도의 민주세력을 분쇄하고 이승만과 그 추종세력의 기반을 다지기 위한 각종 단체를 만들고 테러단체도 조직했다. 그리하여 마침내 '독립촉성중앙협의회(獨立促成中央協議會)'라는 반민족·반민주단체를 결성하기에 이르렀다.

독립촉성중앙협의회의 결성은 남한에서 단독정부수립을 달성하기 위한 최초의 정치적 포석이라고 할 수 있다. 아울러 미국은 당시 남한의 좌측 편향성을 극복하고 또한 북한의 김일성을 상대하고자 상하이임시정부의 김구를 불러들였다. 임시정부 요원들이 입국할 때 정부형태로서의 입국은 결코 허락되지 않고 오로지 개인자격으로 이를 허락한 것은 위의 목적 이상을 결코 허용치 않으려는 미군정과 이승만 사이의 합의 결과이다.

미국과 이승만은 남한 내 좌익세력들의 반대투쟁에도 불구하고 단독정부수립을 강행했다. UN 총회는 다수의석의 확보를 내세워 단독정부를 한반도 내의 유일합법 정부로 승인했다. 그러나 미국의 대한(對韓) 정책은 1949년으로 접어들면서 일대난관에 봉착했다. 애당초 미국의 아시아정책은 전후 중국대륙을 그들의 영향 아래 두고 아시아의 지배권을 확보할 작정이었다. 그러나 1949년 중국공산당의 승리로 말미암아 이러한 계획이 수포로 돌아갔으며 한반도 분단도 고착단계로 들어갔다.

한반도 분단을 영구화하는 미국의 정책전환에 부응하여 이승만 역시 남한 단독정부의 수반으로 등장하자마자 북진통일론과 반공정책으로 한반도의 영구분단을 꾀했다. 한편 북한에서는 미군의 화력에 대처하고 무력으로라도 통일을 이룩하겠다는 계획으로 자체의 군대를 보다 강화하게 된다. 이와 같은 상황 아래 남북한에는 두 개의 국가가 존재하게 되었고 이 두 개의 정부는 상호 상반된 사상·이념·제도를 가진 채 수십 년 동안 서로 적대적 관계를 유지하고 있다. 결국 미국과 소련의 대한 정책이 수십 년간의 남북한 적대관계의 근원을 이루고 있다고 할 수 있다.

이러한 상황에서 남한은 남북한 문제를 다룰 때 미국 및 주한미군과의 역학관계를 고려하지 않을 수 없다. 실로 미국의 대한 정책은 이승만 독재가 장기화되던 상황을 묵인했다. 박정희 및 전두환 군사독재가 행해질 때 역시 동일한 태도를 취해왔다. 지금까지 미국의 대한 정책은 이러한 점에서 표면상으로는 민주화를 주장하지만 실질적으로는 자신의 이익을 침해하지 않는 한 민주 및 독재 어느 한쪽이든 상관없다는 뜻을 표명한 것으로 보아야 한다.

이런 점에서 볼 때, 북한이 남북대화 때마다 거의 매번 들고나오는 구호인 '민주화'와 '미군철수'의 문제는 물론 북한의 통일전략에 따른 주장이기는 하지만 전혀 근거 없는 내정간섭이라고만 일축할 수 없다. 미국의 후원 아래 등장한 역대 독재정권은 정책목표로 민주화를 표방은 했지만 독재의 연장수단으로 비민주적 정책을 실행하여 왔다. 또한 그들은 말로는 통일을 주장하면서도 실질적으로는 통일기반의 구축 및 통일방안의 정립 등에 아무런 진전도 이루어내지 않았다.

2. 한반도 분단의 고착화

1953년 체결된 한미상호방위조약은 한반도에서 외국 군대의 철수를 명기한 휴전협정과는 상호 모순되어 조국분단을 심화한 하나의 주요 원인이 되었다.[11] 그뿐만 아니라 이 조약은 내정간섭의 요소가 상당히 많은 불평등조약이다.[12] 이승만은 이를 통해 북진통

---

11) 한국전쟁의 종전과 한미상호방위조약을 연결 짓는 논의로는 온창일, 「한국전쟁과 한미상호방위조약」, 한국전쟁연구회 편, 『탈냉전시대 한국전쟁의 재조명』, 375~404쪽 참조. 또한 채용기, 「한국전쟁의 종전과정」, 하영선 편, 『한국전쟁의 새로운 접근: 전통주의와 수정주의를 넘어서』(서울: 백산서당, 1990), 405~462쪽에는 미국의 종전구상에 따른 한국전쟁의 종전과정이 간결하게 정리되어 있다.

12) 이장희는 한미상호방위조약이 조약 이름에 걸맞지 않게 상호성이 결여되어 있다고 하면서 다음의 문제점을 지적하고 있다.

"먼저, 이 조약 6조를 보면 조약이 무기한으로 유효하다고 되어 있습니

일론과 반공정책을 국시로 하고 국민에게 이를 강요했으며 또한 각종 비민주 악법을 제정하여 살인적 탄압을 자행했다. 즉 이를 평화적 통일을 도외시하고 일인독재정권을 연장하는 수단으로 활용

다. 그리고 단서로 어느 일방에서 조약의 정지를 하려고 할 경우 1년 전에 통고하기로 되어 있어요. 이것은 우리에게 양자택일을 강요함으로써 결과적으로 미국에게 의존하도록 하는 겁니다. 이것은 미국이 필리핀, 일본은 각각 25년, 10년씩 조약 개정을 논의하도록 되어 있는 것과 비교하면, 우리의 안보상황 변화를 조약에 반영할 수 있는 조건이 근원적으로 봉쇄되어 있는 겁니다.

둘째는, 전토기지공여주의입니다. 미국은 필리핀, 일본과는 미군 기지를 지도를 첨부하면서까지 특정 지역으로 한정하고 있는 데 비해, 4조에 보면 우리와는 한국의 모든 영토를 사용할 수 있도록 되어 있습니다. 이것은 경우에 따라서는 미국이 자국의 군사전략에 따라 우리의 모든 국토를 마음대로 사용할 수 있어 심각한 주권침해를 일으킬 수 있는 가능성이 있습니다.

마지막 하나는, 조약 전문에 나와 있는 것처럼 미국은 이 조약의 목적을 태평양지역의 안정을 위해서라고 말하고 있습니다. 다시 말해 이 조약은 양국 간 상호방위의 범위를 넘어서고 있다는 겁니다. 이것은 한국의 모든 곳이 미국의 태평양전략을 위한 전초기지로 사용될 수 있다는 걸 말해줍니다. 실제로 요즘 문제가 되고 있는 매향리 훈련장도 괌이나 오키나와, 심지어는 미 본토에서 비행기들이 와서 폭격훈련을 하고 있어요. 정말 심각한 문제입니다. 그래서 저는 논란이 되고 있는 한미행정협정이나 미사일 양해각서도 그 모법인 이 방위조약의 문제점을 고치지 않고서는 근본적으로 해결이 곤란하다고 생각합니다." http://www.peacekorea.org/usfk/usfk07.html (검색일: 2004년 11월 29일).

한 것이다. 현재까지 통용되고 있는 '국가보안법' 등은 이승만을 위시한 역대 독재자의 통치수단이 되었고, 이런 종류의 비민주법은 특히 박정희, 전두환 정권까지 충실히 악용되어 왔다.

1950년대 후반에 접어들면서 학생과 민주시민을 중심으로 한 민주화 쟁취 및 반독재 투쟁이 격렬해졌다. 결국 이승만 독재정권은 1960년 4·19 혁명으로 무너지고 말았다. 그 후 장면 정부가 출범했으나 무능과 정책빈곤으로 사회혼란이 가중되어 9개월의 단명으로 무너지고 말았다. 이후 출범한 정권이 군사쿠데타로 집권한 박정희 정권이다. 비민주 파쇼형태로 등장한 박정희 정권도 이승만 독재를 방불케 했다. 온갖 비민주 술법을 동원하여 인권의 무자비한 탄압이 행해졌으며, 또한 영구집권을 획책하던 집권 말기에는 유례없는 유신체제를 국민에게 강요했다.

박정희 독재정권에 대한 국민들의 평가 중 '독재는 했으나 경제는 발전시켰다'는 주장이 있다. 그러나 이는 미국의 대한 정책에 대한 무지에서 나온 것이다. 왜냐하면 박정희 정권 자체가 경제를 발전시킨 것이 아니라 미국의 한국경제건설 정책에 의한 발전이라고 보는 것이 오히려 더 적실성이 크기 때문이다. 미국의 힘을 등에 업고 박정희 정권은 정치·사회·문화·교육 등의 전반에 걸쳐 민주발전을 말살 및 후퇴시켰다.

박정희 정권은 많은 국민들의 반대를 물리치고 일본과 국교정상화를 추진했다. 그 과정 역시 미국을 관련시키지 않고서는 설명할 수 없다. 1951년 일본과의 샌프란시스코 강화조약 체결 후 미국은 일본 영토 내에 미군을 장기 주둔시키고 군사기지를 설치하는 등의 행위를 바탕으로 일본에 대한 영향력을 계속적으로 유지했다. 일본에 대한 미국의 이러한 영향력은 결국 냉전 시기 자국의 이익을 극대화하기 위해 과거 적대국인 두 나라를 화해시키는 데에도 결정적 역할을 했다. 결국 미국은 1965년 남한과 일본 두 나라 사이의 국교정상화를 이끌어냈다.

결국 박정희 정권은 냉전체제 아래 미국의 대소 방어기지 역할을 담당하면서 진보적인 정치운동이나 노동운동의 가능성을 봉쇄해 나간다는 기본 틀에 있어서는 이승만 정권의 친미·반민주 지배권력의 계승자라고 할 수 있다. 단지 이 시기는 보다 '안정적'으로 한·미·일 동북아 지역안보체제와 자본주의 세계체제에의 편입을 통해 안보질서의 유지와 경제성장을 지속시켜 나갔을 따름이다.[13]

독재의 진행과정에서 박정희 정권 역시 과거의 이승만 정권의 전철을 밟아나갔다. 1972년 남북적십자회담 및 조절위원회 등을 열고 7·4 공동성명까지 발표했으나 오래지 않아 쌍방은 서로 비난하면서 대화창구도 다시 폐쇄되었다. 여기에는 북한의 책임이 있지만 남한 측도 그 책임을 면할 수 없다. 박정희 정권은 국민을 기만하면서

---

13) 박정희 정권에 대한 비판적 논의는 한국정치연구회, 『박정희를 넘어서: 박정희와 그 시대에 대한 비판적 연구』(서울: 푸른숲, 1998) 및 한상범, 『박정희 역사 법정에 세우다』(서울: 푸른세상, 2001) 등을 참조.

집권연장수단으로 남북대화를 이용했으며 이후의 유신체제를 위한 근거를 마련하고자 한 것이다.

박정희 대통령의 암살로 유신체제는 막을 내렸다. 민주화를 성취할 수 있는 기회가 온 것이었다. 그러나 12·12 군사쿠데타로 전두환 정권이 등장함으로써 민주화의 희망은 다시 좌절되었다. 이러한 상황 속에서 다시 격렬한 반독재 민주화투쟁이 전개되었다. 그 결과 1987년 6·29 선언이 나오게 되었고 결국 민주화를 지향하는 제6공화국이 탄생했다. 앞으로 6공화국이 과거와의 연결고리를 얼마나 잘 끊고 사회민주화 실현, 남북대화와 교류를 통한 통일문제 해결 등의 시대적 과업을 얼마나 잘 실현해 나갈 수 있을지 지켜보아야 하겠다.

군사독재의 억압을 벗어난 지금 대다수 우리 국민에게는 과거보다 한결 통일에 대한 열망이 높아지고 통일 분위기 조성에 깊은 관심을 표명하고 있다. 그런데 이 시대 통일과 관련 국민에게 요구되는 것은 무엇보다 현재 우리 사회의 민주화 발전과 그 기반을 구축하는 원칙에 기초하여 통일에 관한 시대적 사명을 실천해야 한다는 점이다.

이승만, 박정희, 전두환 등 역대 독재체재하에서는 통일 분위기가 제대로 조성되지 못했다. 그 시대에는 민주화 발전이 극도로 지체되었고 통일 분위기 조성과 관련 기반구축은 정반대로 진행되어 통일 문제는 통치권자의 고유권한으로 주장되면서 그들의 집권연장의 도구가 된 것이다. 과거 사회 일각에서 통일에 관한 논리를 전개하면 정책 담당자들은 이를 검토하고 수용할 생각을 하지 않고 안보를 내세우며 위장된 괴변으로 시종일관 무시해 버린 사례가 대부분이다. 또한 통치권자는 정권의 이해를 위해 단행한 정책을 안보라는 미명으로 덮어씌우고 이를 정권창출 및 장기집권의 도구로 활용해 왔다.

민주화된 정부가 들어선 현재의 시점에서 요구되는 것은 통치권 차원에서 학계와 종교계를 망라한 각 정당 및 사회단체의 통일에 관한 목소리를 수렴하여 하나의 통일정책으로 일원화하는 일이다. 이를 위해 먼저 두 가지의 선행과제가 필요하다. 우선 북한과 남한의 통일방안을 세밀히 검토하여 최대공약수를 찾아내야 한다. 적실성 있는 통일정책을 정립하지 못한 상태에서 막연히 형식적인 남북대화에만 임하고 있는 것은 사회에 각양각색의 혼란만 가중시킬 뿐이며 실질적 성과를 낳지 못하게 한다. 둘째 민주화의 진전을 보다 심화하는 것이다. 현 상황에서 보다 현실성 있는 통일방안을 내놓으면 이를 용공이니 좌경이니 하면서 몰아붙이고 관계법령에 적용시켜 처벌하는 경우가 적지 않으며, 과거 많은 양심수가 이러한 현실의 희생양이 되어왔다. 결국 통일 분위기 조성은 사회 전반에 걸친 민주발전이 선행요건이라는 사실을 간과해서는 안 된다.

제2장 통일을 위한 대내외적 고려사항

1. 외적 요인과 내적 요인

한반도 통일문제와 관련해서 외국의 간섭이나 영향을 받을 때 이를 외세 개입이라고 할 수 있다. 예컨대 1946년 우리의 민족독립을 원조하기 위해 서울에 설치되었던 미소공동위원회는 한반도의 통일 정부 수립을 위해 영향력을 행사했던 대표적인 외세 개입이라고 하겠다. 이러한 외세 개입을 우리가 통일문제와 연관 지울 때 외적 요인으로 분류할 수 있으며, 앞에서 설명한 미국의 아시아정책은 이러한 외적 요인의 대표적인 사례라고 하겠다.

통일을 원하지 않거나 이에 무관심한 통일에 방해가 되는 우리 내부에 자생하고 있는 일체의 요소를 통일문제와 관련한 내적 요인 이라고 할 때 이 또한 통일문제 해결의 크나큰 장벽이 된다. 주지하듯 이 우리 민족은 불행하게도 장기간 외부세력에 의해 억압받아왔다. 외부세력의 권력통치에 도구화된 소수 집단들은 민족의 이익보다는 그들의 권력을 합리화시켜 주는 데 큰 역할을 했으며 현재에도 상당히 많은 수의 사람들이 같은 역할을 하고 있다. 이들은 조국의 통일을 원하지 않는데, 그것은 통일은 사익 추구에 전혀 도움이 되지 않고 오히려 방해가 될 뿐이기 때문이다. 민족 통일을 쟁취하려 면 외세에 의존하는 이들 집단은 통일문제 협의대상에서 제외시켜야 한다. 무릇 통일방안을 모색하기 위한 첫 단계는 우리의 내적 장애요인을 제거하고 통일방안을 일원화하는 것이기 때문이다.

남한의 통일방안과 북한의 통일방안이 서로 접근할 수 있는 근사치를 구하지 못한다면 통일은 쟁취할 수 없다. 그리고 이에 앞서 우리의 통일방안이 확고하게 일원화되지 않는 다면 북한의 통일정책에 말려들 위험마저 안고 있을 뿐만 아니라 우리의 취약점마저 상대에게 노출시킬 수 있다. 제대로 된 준비 없이 이런 양상으로 남북대화가 전개되면 남북회담은 영원히 결렬되어 통일의 길은 막혀버리고 말 것이다. 이를 방지하기 위해서는 무엇보다 합리적인 원칙에 기초하고 정치적 합의를 거친 통일방안의 정립이 필요하며, 또한 그 모든 과정이 국민 앞에 공개되어야 한다.

공개되지 않은 통일정책은 통치권 차원에서 일방적인 정부의 전유물처럼 처리되어 정책빈곤과 사회불안을 가중시키는 원인이 된다.[14] 또한 이러한 방식은 통일방안의 정립 자체를 곤란하게 할 뿐만 아니라 경우에 따라서는 외세에 의존하는 통일방식으로

---

14) 실제로 지난 김대중 정권 시기 햇볕정책이 언론 및 야당으로부터 받았던 가장 큰 비판의 목소리는 남북 당국 간 협상이 상당부분 불투명하게 이루어졌다는 것이다. '남북정상회담' 개최라는 역사적 사건마저 기습적으로 발표됨으로써 이후 남북한 관계는 남북 당국 간 선의(善意)에도 불구하고 관계진전이 당초 기대보다 훨씬 더뎠으며 남한 내 전 국민적 합의도 얻지 못했다.

바뀔 수도 있다. 현재 통일문제가 거론되고 있는 것은 국제정세가 냉전 상태에서 평화공존 상태로 바뀌었기 때문이다. 우리 역시 남북한 문제를 평화적 수단으로 해결할 호기가 찾아온 것이다. 조국의 평화적 통일에 대한 신념을 가지고 통일에 방해가 되는 일체의 대내외적인 장애를 제거하는 것만이 우리가 바라는 통일을 이룩할 수 있는 유일한 길이다.

2. 대내외 요인의 복합성

우리 민족은 반만년의 장구한 역사를 지닌 단일민족으로 수 천 년 동안 단일 언어, 풍속 및 문화를 향유해 왔다. 이러한 역사적 흐름을 거스르는 오늘의 분단된 한반도를 우리는 평화적으로 통일시켜야 할 의무가 있다. 이를 이룩하는 것은 무엇보다 상술한 외적 요인과 내적 요인이 복합적인 작용을 하고 있다는 현실을 파악할 때만이 가능하다.

통일을 위한 대내외적 요인의 복합성을 살펴보기 위해 예컨대 '휴전협정의 평화협정으로의 대체'에 관한 사항을 검토해 보자. 휴전협정은 조선인민군 및 중국인민지원군을 일방으로 하고 UN군을 다른 일방으로 하는 국제적 협정이다. 그 후속조치의 내용은 한반도의 평화보장으로 쌍방이 가까운 장래에 평화협정으로 이를 대체하고 통일문제는 쌍방 간에 정치협상으로 해결하도록 협조한다고 되어 있다.

국제 관례상 휴전협정을 평화협정으로 대체하는 것은 항구적 평화를 보장하는 후속조치로서 당연히 그 의무를 이행해야 한다. 그런데 협정 체결 후 반세기가 지나도록 평화협정이 체결되지 않고 있다는 것은 어떠한 이유에서건 정당화될 수 없다. 그 원인은 무엇보다 협정 당사국인 미국이 관련 책임을 떠넘기고 있다는 사실에 기인한다. 미국은 남북한의 동의 없이 평화협정 대체는 곤란하다는 입장을 계속 견지하고 있다. 그러나 문제의 해결은 미국 측의 주장인 단지 남북쌍방의 대화만으로는 불가능하다. 휴전협정의 조인자는 UN군이고 미군이 실제적인 UN군 책임자이기 때문에 미군의 일정한 역할 없이는 대화 자체가 이루어질 수 없는 것이다.

주지하듯이 1972년 이래 남북대화는 간헐적으로 계속 이어지고 있지만 평화협정과 관련한 쌍방의 주장은 그 견해차가 좁혀지지 않고 있다. 북한은 평화협정에 대해 주한 미군과 그 기지 및 시설의 완전한 철수를 핵심으로 지적하고 있다. 하지만 한미상호방위조약에 얽매일 수밖에 없는 남한은 이를 현실적으로 불가하다고 무시하고 있다. 그러나 만약 국제정세의 변동이나 미국 내 사정에 의해 주한미군의 철수가 불가피해지는 현실에 직면할 경우 남한 당국은 누구에게 의지해야 하는가? 만약 이러한 사태가 다가오는 것을 예측하지 못하고 미국의 주둔은 영구적인 것이라고 믿으며 국민을 오도(誤導)한다면 통일방안의 정립은 고사하고 남한의 주권수호마저

도 위기에 처할 것이 명백하다.

이러한 상황에 대처하기 위해서도 우리는 통일방안의 마련에 더욱 정진하지 않을 수 없다. 그리고 휴전협정의 평화협정으로의 대체는 이를 위한 우선적 고려사항이 되어야 한다. 지금까지 남한 당국의 통일정책은 보다 시급한 정치·군사 문제는 부수적인 것으로 간주해 왔다. 휴전협정 후 반세기가 지난 오늘까지 남한 당국은 통일에 대한 확고한 정책이 정립되지 않은 상태에서 북한을 고립상태에서 개방상태로 이끌어낸다는 선전만을 국민 앞에 내세우는 방식을 되풀이하고 있는 것이다. 물론 사회·경제·문화 교류 등을 통해 남북관계가 한 단계 발전할 수 있는 것은 사실이지만, 현재의 남북관계를 보면 너무 그 방향으로 편향되어 있다.[15] 정치·군사 문제의 해결을 사회·경제·문화 교류와 보다 적극적으로 연계할 필요가 있다.

남한 당국의 교류 위주의 이 같은 정책은 단지 한 국가와 다른 국가 사이의 외교적 친선관계를 유지하는 데 필요한 조치일지는 모르나 단일민족의 통합을 원칙으로 한 우리의 통일문제와는 상관성이 낮은 정책이다. 지금까지 당국의 통일구상은 경제성장 및 서유

---

15) 남북경협 및 사회문화 교류의 확대가 남북관계 전반의 발전에 기여할 것이라는 기대는 기능주의 이론에 바탕을 두고 있다. 햇볕정책을 기능주의 이론으로 바라본 구영록,『한국과 햇볕정책: 기능주의와 남북한 관계』(서울: 법문사, 2000)을 참조.

럽 자유민주주의 제도의 우월성 등을 내세우면서 남한 국민이 이 정책을 지지할 것이라는 믿음과 북한 주민 역시 이에 동화될 것이라는 막연한 소신에 기인하고 있다.

그러나 얼마만큼이나 이러한 의도가 실현되고 있는지 의심하지 않을 수 없다. 왜냐하면 정책상의 빈곤 및 자주성과 투명성의 결여 등으로 우리 국민에 대한 설득력이 떨어지고 있으며 북한 주민의 경우 역시 엄격한 사회주의 교육의 결과 남한 의도의 침투 정도가 상당히 미흡한 것이 현실이기 때문이다. 북한에서 1945년부터 실시해 왔으며 1990년 전후 동유럽 사회주의 국가의 붕괴에도 불구하고 굳건히 견뎌온 북한식 사회주의 교육을 결코 무시해서는 안 된다. 그리고 이러한 상황에 처해 있기 때문에 우리의 통일정책은 전면 수정되어야 하는 것이다.

새로운 통일정책의 정립과 관련해서 우리는 무엇보다 통일과 관련한 내외적 요인을 복합적으로 고려해야 한다. 우선 내적 요인으로서 고려해야 할 사실은 어떠한 곤란에 봉착해도 통일을 해야 한다는 소명의식이 중요하다. 즉 우리 모두가 하나의 단일민족으로서 자주적인 민족독립을 쟁취해야 한다는 역사적 사명감을 가져야 한다. 그리고 외적 요인으로 일제 식민지배의 종식이 우리 민족자본의 힘이 아닌 강대국 간 2차 대전의 전후 처리과정의 산물이라는 사실을 간과해서는 안 된다. 현실적으로 강대국 정치의 결과로 인해 분단이 이루어졌음을 파악하는 것이 통일기반의 구축을 위해 필수적이다.

이러한 인식 위에 통일기반의 구축을 위해서 우선 국민 대다수의 지지를 받을 수 있는 통일방안을 정립해야 한다. 이와 함께 정치, 경제, 사회, 문화 등의 전반에 걸친 민주적 개혁이 단행되어야 한다. 이러한 민주발전의 성과에 힘입어 대북한 관계에서 국민들은 자신감을 얻을 수 있을 것이다. 같은 맥락에서 현재 우리가 통일을 이룩하기 위한 어느 정도의 역량을 갖추었는지를 검토해야 한다. 특히 경제력과 군사력의 밑받침 없이 통일을 추진한다는 것은 오히려 역효과만 내어 남한 사회의 혼란만 가중시킬 뿐이다. 이러한 작업이 완수될 때 우리는 북한보다 진정한 우위를 확보하고 또한 이를 바탕으로 북한의 통일론을 보다 긍정적으로 수용할 수 있을 뿐만 아니라 그들의 통일전략마저 후퇴시킬 수 있는 힘을 갖출 것이다. 우리가 바라는 통일은 이러한 기반이 없으면 추진할 수 없다.

제3장 통일의 현실적 연구

1. 남한 통일방안에 대한 검토

이승만 정부의 통일정책의 대전제는 통일 후의 정부하에서 북한을 제거 혹은 무력화시키는 것이었다. 이 전제를 기초로 이승만이 처음 제시한 통일방안은 선거가 보류된 북한 지역에서 민주적 선거를 실시하여 제헌국회에서 공석으로 남겨둔 100석의 의석을 채우는 것이었다. 이 방안은 유일합법정부론에 근거한 것이었다.

이승만은 만약 이와 같은 방안을 북한이 수용하지 않을 경우에는 미국의 군사적 힘을 빌어서라도 무력통일을 하겠다는 것이었다. 한국전쟁을 거치면서 이와 같은 입장은 더욱 강화되어 '북진통일'과 'UN 감시하 선거'를 계속하여 주장하는 한편 '평화통일방안'을 비롯한 통일논의 자체를 금지시켰다. 이를 위해 조국의 자주적·평화적 통일을 위한 노력을 대한민국의 주권을 부정하는 것이라 하여 용공으로 매도하고, 북진통일 입장과 반공 이데올로기를 심화시켜 독재체제를 유지하는 발판으로 삼았다.[16]

구체적으로 1954년 제네바 회의를 계기로 표명된 이승만 정권의 통일정책은 단독정부 수립과정에서 나타난 정권의 대내적 정통성의 원칙을 UN=미국이라는 등식관계 속에서 보전하고, 민족의 통일문제를 국제냉전구조의 부속물 내지 볼모화하려는 사대적 발상의 전형이었다. 당시 UN이 동서 양대 진영의 정치적 선전장이었을 뿐 국제정치문제의 평화적·합리적 해결 장소가 될 수 없었음을 감안할 때, 남한 정부의 UN 감시하의 남북자유총선거 주장은 선전용

---

16) 한겨레사회연구소 민족분과, 『분단에서 통일로』(서울: 도서출판 일꾼, 1988), 41~42쪽.

이라는 비난을 면하기 힘들었다.[17]

그러나 이승만 정부가 통일논의를 금압시켰음에도 불구하고 자주적·평화적 통일을 위한 시도는 끊이지 않았다. 일례로, 제헌국회의 국회부의장 김약수(金若水)를 중심으로 한 동성회(同成會) 소속 소장파 의원들은 민중들의 요구를 담아 1949년 3월 다음의 '남북평화통일방안 7원칙'을 제시했다.

외국군대를 완전히 철수할 것.
남북의 모든 정치범을 석방한다.
남북정당·사회단체 대표로서 남북정치회의를 개최한다.
남북정치회의는 일반·평등·직접·비밀의 4대원칙에 입각한 선거규칙을 작성하여 최고입법기관을 구성한다.
최고입법기관은 헌법을 제정하고 통일중앙정부를 수립한다.
반민족행위자를 처단한다.
조국방위군을 재편성한다.[18]

---

17) 한겨레사회연구소, 『동북아정세와 민족통일의 진로』(서울: 백산서당, 1989), 186쪽. 1954년 5월 22일 제네바에서 남한 대표였던 변영태 외무장관의 연설은 변영태, 『나의 조국』(서울: 자유출판사, 1956), 409~418쪽 참조. 심지연, 『남북한 통일방안의 전개와 수렴』(서울: 돌베개, 2001), 178~184쪽에서 재인용.

18) 그러나 이승만 정권은 1949년 4월부터 개시된 소위 '국회 프락치 사건' 즉 이들이 남로당 중앙위원인 이삼혁(李三赫, 일명 河西福)과 국회 내에 프락치를 형성했다는 혐의를 두어 이들을 구속해 버렸다. 한겨레사회연

또한 한국전쟁을 겪으면서 무력통일이 얼마나 허구적이고 반민족적인지를 깨달은 각계각층의 민중과 진보적 인사들은 평화통일의 중요성을 새삼 인식했는데, 특히 이 시기 진보당(進步黨)의 움직임이 주목받았다. 1956년 11월 조봉암(曺奉巖)이 창당한 진보당은 민주사회건설과 평화통일의 슬로건 아래 애국적 민주역량을 결집하는 한편 '북진통일론'에 경도되고 있었던 이승만 정권에 정면으로 대항했다. 진보당이 내세운 통일방안은 다음과 같다.

통일독립된 민주한국의 국회를 형성하기 위해 자유선거를 시행한다.

이 선거의 준비와 실시를 감독하고 감시하기 위해 국제감시위원회를 설치한다.

선거를 준비하고 실시하기 위해 대한민국과 북한 당국에서 각각 선출한 대표로 구성되는 전한국위원회를 설치한다.

전한국위원회는 남·북 쌍방의 합의제 원칙에 따라 운영되며 그의 당면 최대과업은 선거법의 작성과 자유로운 분위기를 조성하는 것이다.

선거는 합의 성립 후 6개월 이내에 시행한다.

국제감시위원은 행동·언론의 자유를 가지며 가능한 모든 편의가 제공된다.

선거 전후를 통해 입후보자·선거운동자 및 그 가족은 언론·행동

구소 민족분과, 『분단에서 통일로』, 42쪽.

그 밖에 민주국가에서 인정되어 있는 인권을 향유한다.

선거는 비례제 원칙과 비밀투표 및 성인의 보통선거 원칙에 의하여 시행된다.

전한국의회는 선거 직후 서울에서 소집한다.

전한국위원회는 통일한국의 헌법 작성, 군대 해산 등에 관한 문제를 결정한다.

다음 제 문제는 특히 전한국위원회가 결정한 의제로 한다. (가) 통일한국의 헌법 작성 (나) 군대의 해산에 관련된 문제

제외군의 철수는 통일선거 합의 후 선거 실시 전부터 시작하여 통일정부가 치안책임을 담당 후 완전히 철수한다.

통일독립 민주한국의 평화와 재건 조력을 강대국을 포함한 제 국가가 책임진다.[19]

진보당의 평화통일론은 큰 반향을 불러일으켰다. 조봉암은 1956년의 대통령 선거에서 불리한 여건에도 불구하고 216만 표(당시 이승만의 득표수는 504만 표)의 지지를 얻었다. 이에 놀란 이승만은 조봉암의 평화통일방안을 북한 정권과 그 배후의 소련 및 중국이 주장하는 중립국 감시위원단 감시하의 총선거안과 같은 주장이라고 비판했다. 결국 이승만 정부는 조봉암을 비롯한 진보당 간부들을 간첩 접선 혐의로 구속 기소한다. 얼마 후인 1959년 7월 31일 조봉암은 간첩혐의로 사형당하고 만다.

---

19) 한겨레사회연구소 민족분과, 『분단에서 통일로』, 43~44쪽.

당시 재판부는 진보당의 평화통일방안이 '대한민국을 해체하여 이북과 동등한 위치에서 통일할 것을 획책'하고, 진보당의 강령이 '자유자본주의 체제를 변혁하려는 불온한 대목이 있다'고 하면서 조봉암에게 사형을 선고했다.[20]

1960년 4월혁명을 통해 이승만이 물러나고 장면 정부가 들어섬으로써 남한의 정치 정세가 변했다. 이러한 환경하에 남한의 통일운동도 새로운 양상을 띠고 전개되었으며, 각계의 통일방안 역시 봇물처럼 터져 나왔다. 이 중 혁신계의 집결체였던 '민족자주통일중앙협의회(이하 민자통)'는 1960년 9월의 발기 결의에서 '자주·평화·민주'라는 3대 원칙에 입각한 다음의 통일안을 주장했다.

---

20) 조봉암은 민주세력의 강화를 통해 공산당과의 투쟁에서 승리를 거둘 수 있다고 주장했다. 이를 위한 현실적 방안으로 그는 ① 공정한 비판이 반정부적이라고 박해받아서는 안 되고, ② 김구와 김규식을 영수로 한 중간파, 협상파를 역적같이 보는 경향이 없어져야 하며, ③ 근거 없이 보도연맹 관계자들을 무조건 공산당으로 몰아가서는 안 되고, ④ 피 흘리지 않는 평화통일은 민중에 대한 믿음에서부터 출발해야 한다고 주장했다. 또한 그는 프롤레타리아독재도 반대하고 독점자본주의도 거부하는 제3의 길, 즉 사회민주주의를 주장했다. 조봉암과 그의 사상에 대한 보다 자세한 내용은 박태균, 『조봉암 연구』(서울: 창작과비평사, 1995); 서중석, 『조봉암과 1950년대』 상·하(서울: 역사비평사, 1999); 정태영 외, 『죽산 조봉암 전집』 6권(서울: 세명서당, 1999) 참조.

즉각적인 남북 정치협상을 실시한다.

남북 민족대표들에 의한 민족통일건국최고위원회를 구성한다.

외세를 배격한다.

통일협의를 위한 남북대표자회담을 개최한다.

통일 후 오스트리아식 중립 또는 영세중립을 택할 것인가 또는
다른 형태를 택할 것인가를 결정한다.[21]

그러나 당시의 집권 여당인 민주당은 이승만 정권의 통일론 중에서
'무력북진론'만을 철회했을 뿐, 4월혁명의 민중적 통일열망은 철저히
무시했다. 여전히 'UN 감시하의 남북자유선거를 통한 통일'만을
주장하면서, '중립화론', '남북서신왕래', '남북인사교류', '남북교류',
'남북협상' 등 광범위한 일체의 통일논의를 수용하지 않았다.[22]

---

21) 민자통의 통일안에는 1960년 민주민족청년동맹('민민청')을 발족시킨
이종률의 의견이 많이 참작되었다. 그는 통일문제와 관련, 민족혁명 자주
세력의 강화로 외세를 몰아내어 우선 통일정권의 수립이 중요하다는
입장을 취했다. 또한 통일의 중요성을 항상 경제문제와 연결시키고자
했으며, 통일정부가 민족의 빈궁과 유혈을 막는 데 유용한 것으로 인식했
다. 그가 보는 남북한 대결은 결국 '누가 백성의 생활을 건설적으로 보장하
며, 궁극에 있어서 자유를 보장하느냐에 따라 승패가 결정된다'고 판단했
다. 서중석, 「한국전쟁 후 통일사상의 전개와 민족공동체의 모색」, 역사문
제연구소 엮음, 『분단 50년과 통일시대의 과제』(서울: 역사비평사, 1995),
324~334쪽 참조. 그의 통일논의에 대한 보다 구체적 내용은 이종률,
『민족혁명론』(서울: 들샘, 1989) 참조.

1961년 5월은 민족통일의 열망이 한층 고양되었던 시기였다. 당시 전 민중의 관심은 남북학생회담의 성사여부에 집중되어 있었다. 그러나 5·16 군사정권은 처음부터 민중의 통일의지를 짓밟고, 총칼로써 통일의 물결을 가로막았다. 박정희 군사정권은 5월 19일 포고령 제18호에서 "반국가단체를 조직하거나 그것에 가입하거나 또는 가입을 권유하는 자는 엄벌에 처한다"라고 하면서 통일운동을 탄압하기 시작했다. 또한 6월 10일에는 '중앙정보부 설치에 관한 법률'을 제정하고 9월 4일에는 '반공법'을 제정하여 통일운동을 억압하기 위한 공식적 법률조항까지 만들었다.

그 후 공화당으로 형식적 외양을 바꾼 군사정권은 1963년 9월 선거를 앞두고 'UN 감시하 남북한총선거' 및 '국토통일연구 기구의 설치'와 함께 '정치·경제·사회·교육·문화 등 제 분야에 걸쳐 반공태세를 완비'할 것을 공약으로까지 내놓았다.[23] 또한 1966년 외무부

---

22) 민주당은 1961년 1월 8일 발표한 '남북통일정책에 관한 민주당의 성명'을 통해 혁신계의 주장을 철저히 반박했다. 한겨레사회연구소 민족분과, 『분단에서 통일로』, 49~50쪽 참조.

23) 군사정권은 '반공법'에 의해 민중의 통일운동을 탄압하고 '국토통일원'을 발족하여 통일논의를 독식하려고 시도했던 것이다. 당시 반공법 위반 혐의로 구속된 대표적 인물은 1964년 11월에 구속된 황용주 문화방송국 사장이다. 그는 월간 《세대》지에 「강력한 통일정부에의 의지 ― 민족적 민주주의의 내용과 방향」을 실었다. 그 내용은 ① 남북 간의 적대 관계의 완화와 해소, ② 남북 간의 불가침 조약의 체결과 군축, ③ 남북의 유엔

는 '통한백서(統韓白書)'를 발표하여 '선건설 후통일론'을 공식화하기에 이르렀는데, 이는 이전 시기 북진통일론과 마찬가지로 통일논의를 차단하고 금지하는 역할을 했다.

1970년대 초에는 통일운동사에 있어 중요한 획을 긋는 일련의 선언과 회담이 있게 된다. 무엇보다 1972년에 이루어진 '7·4 남북공동성명'은 조국통일의 3대원칙인 '자주·평화·민족대단결'을 밝혀주었다는 점에서 커다란 의의가 있다. 발표된 3원칙의 내용은 다음과 같다.

첫째, 통일은 외세에 의존하거나 외세의 간섭을 받음이 없이 자주적으로 해결하여야 한다.

둘째, 통일은 서로 상대방을 반대하는 무력행사에 의거하지 않고 평화적 방법으로 실현하여야 한다.

셋째, 사상과 이념, 제도의 차이를 초월하여 우선 하나의 민족으로서 민족적 대단결을 도모하여야 한다.[24]

그러나 박정희 정권의 이러한 움직임은 본질적으로 전 민족을 호도(糊塗)하는 그 이상도 이하도 아니었다. '외세의 간섭' 없는 자주

동시가입, ④ 남북연방제의 실시, ⑤ 외국 군대의 철수, ⑥ 다른 나라와의 상호방위조약의 폐기, ⑦ 제3국을 통한 남북대화 등이다. 한겨레사회연구소 민족분과, 『분단에서 통일로』, 52~53쪽 참조

24) 심지연, 『남북한 통일방안의 전개와 수렴』, 303쪽.

에 대해 박정희 정권은 UN은 외세가 아니라는 주장으로 맞섰고, 나아가 3개월 뒤 '10월유신'을 선포하면서 '평화통일'과 '남북대화'를 위해 새로운 체제가 필요함을 역설했다. 이 시기, 즉 1971년의 남북적십자회담부터 1973년의 6·23 선언까지의 과정 동안 박정희 정권은 남북대화를 통일기반의 구축이 아닌 자신의 독재 강화 및 조국분단의 고착화에 활용한 것이다.[25] 박정희 정권은 월남전의 현상유지라는 미국의 의도에 의해, 그리고 날로 고양되는 남한에서의 민주화 열기를 식히기 위해 남북대화에 응했던 것이다.[26]

---

25) 여기에서 6·23 선언의 내용 중 하나인 "남북한 UN 동시가입을 반대하지 않는다"를 주시해야 한다. 이는 UN 헌장의 1국가 1개 정부가입 원칙에 의거해 볼 때 남북한이 각각 UN에 들어간다는 것은 남북을 두 개의 국가로 인정한다는 것, 즉 분단을 고착화하는 것이 된다. 그런데 이는 애초 월남전의 처리를 두고 고심하던 미국 닉슨(R. Nixon) 대통령이 대통령정책자문기관인 조지위원회를 통해 1971년 4월 작성하도록 한 정책건의서 '분단국의 UN 일괄가입안'을 바탕으로 추진된 것이다. 한겨레사회연구소 민족분과, 『분단에서 통일로』, 57~59쪽 참조.

26) 1969년 닉슨 독트린이 발표되고 미군이 베트남에서 철수하기 시작했으며, 미국과 중국의 관계도 새로운 단계에 이르렀다. 또한 UN에서 제3세계의 지위가 더욱 높아져 중국의 UN 가입도 시간문제가 되었으며, UN에서의 한국 문제 토의 또한 방심할 수 없는 상황에 놓였다. 이렇듯 한반도를 둘러싼 국제관계가 해빙 쪽으로 바뀌자 민중의 통일에 대한 기대는 보다 강렬해졌다. 예컨대 1969년 말 통일원의 전국 여론조사에 따르면, '통일이 꼭 이루어져야 한다'가 90.6%, 통일 성취 시기는 '10년 이내'가 39.5%,

1970년대의 혹독한 정세에도 불구하고 몇몇 선구적인 통일운동가가 있었다. 특히 반유신세력·통일세력에 대한 탄압이 더욱 강해지고 있던 당시에 ≪사상계(思想界)≫의 창간인인 언론인 장준하는 7·4남북공동성명과 남북 대표들의 왕래에서 느낀 감격을 계기로 민족통일운동에 발 벗고 나서게 되었다. 1960년대까지 철저히 반공의식과 냉전의식에 싸여 있었던 그였지만 이 시기를 기점으로 놀랄 만한 통일에의 열정을 보여주기 시작한 것이다. 그는 이후 1973년 민주통일당 최고위원이 되었고, 1974년에는 '박정희 대통령에게 보내는 공개서한' 등을 통해 박정희 정권에 맞섰으며, 범민주세력의 통합에 힘썼다.

장준하에게 민족의 통일은 억눌린 자에게 자유를, 분단의 노예상태에 있는 민중에게 해방을 가져다주는 것을 의미했다. 이러한 그의 의식변화에 따라 통일은 장준하의 지상과제가 되었다.[27] 또한 조선건국준비위원회를 국내외 세력의 최초 통일전선 구축이라는 측면에서 긍정적으로 바라보고, 김구와 김규식의 '주의와 당파를 초월한 민족의 단결'과 이를 통한 '자주적 민주적 통일조국의 건설'을 높이

'10년 내 불가능'이 19.5%였다. 서중석, 「한국전쟁 후 통일사상의 전개와 민족공동체의 모색」, 335쪽 참조.

27) 장준하, 「민족통일전략의 현단계」, 『민족주의자의 길』(서울: 도서출판 사상, 1985), 43~47쪽. 서중석, 「한국전쟁 후 통일사상의 전개와 민족공동체의 모색」, 336~344쪽에서 재인용.

평가했다.[28] 그러나 통일을 부르짖으며 정열적인 활동을 펼치던 그는 1975년 8월 17일 경기 포천군 소재 약사봉 계곡에서 의문사했다.

박정희 정권의 오랜 군사독재는 1970년대 말에 이르러 그 기반이 현저하게 약화되었다. 1979년 10월 4일 신민당 총재 김영삼의 제명 파동의 여파로 10월 16일 '부마민주항쟁(釜馬民主抗爭)'이 일어났고 이어 10월 26일에는 박정희 대통령이 김재규에 의해 암살되고 만다. 이후 권력의 공백기에 전두환을 중심으로 한 신군부는 12·12 군사쿠데타를 통해 군부를 장악하고 군사독재의 연장을 꾀했다. 이 사건으로 인해 발생한 사건이 5·18 광주민주항쟁이다. 광주항쟁을 통해 남한의 민중은 분단 및 예속 의식을 거부하고 통일 및 민족자주를 대내외에 천명했다. 투쟁의 주역들은 미국과 예속 정권을 분단고착화세력 반통일세력으로 규정했다. 그리고 통일은 자주화의 문제와 직결됨을 강조하면서 남한민중은 논의의 차원이 아닌 변혁적 실천의 관점에서 반미자주화와 평화적 통일투쟁의 전면에 나설 것을 촉구했다.[29]

전두환 정권은 1980년 10월 10일 북한에서 '고려민주련방공화국

---

28) 장준하와 그의 사상에 관한 보다 상세한 설명은 다음의 저서 등을 참조. 김민수, 『장준하: 민주주의의 등불』(서울: 사계절, 1994); 장준하 선생 추모문집 간행위원회, 『민족혼 민주혼 자유혼: 장준하의 생애와 사상』(서울: 나남, 1995); 박경수, 『재야의 빛 장준하』(서울: 해돋이, 1995).
29) 한겨레사회연구소 민족분과, 『분단에서 통일로』, 92쪽.

창립방안'이 발표되자 이에 신속히 대응할 필요를 느끼고 이내 통일방안의 전면적 재검토에 들어갔다. 그리고 1982년 1월 22일 국정연설에서 '민족화합민주통일방안(民族和合民主統一方案)'을 발표했다.

민족화합민주통일방안의 주요 내용을 보면 우선, 남북 간 민족적 화합을 위해 민족 전체의 통일의지를 한데 모아 통일헌법을 채택하고 그 헌법에 따라 통일국가를 완성시키는 것이 가장 합리적인 길이라고 주장한다. 이를 위해 남북이 상호관계를 정상화하고 이 기초 위에서 민족화합을 구체적으로 실현해 나가며, 통일을 이룰 때까지 잠정조치로서 '남북한 기본관계에 관한 잠정협정'을 체결할 것을 제의했다. 잠정협정의 내용으로 그는 통일국가가 수립될 때까지 호혜평등의 원칙에 입각하여 상호관계를 유지하고, 모든 분쟁은 평화적 방법으로 해결하며, 상호 내부문제에 간섭하지 않고, 군사적 대치상태의 해소를 협의하며, 이산가족의 인도적 재회를 추진하고, 서울과 평양에 상주 연락대표부를 설치하는 것 등을 들었다. 그리고 이러한 문제를 협의하기 위해 각료급을 수석대표로 하는 예비회담을 개최해 남북한 당국 최고책임자 간의 회담을 실현시키도록 하자고 제의했다.30)

뒤이어 1989년 9월 11일 노태우 대통령은 국회에서 '한민족공동

---

30) 전두환, 『전두환 대통령 연설문집』 제2집(서울: 대통령비서실, 1982), 366~368쪽. 심지연, 『남북한 통일방안의 전개와 수렴』, 78~79쪽에서 재인용.

체통일방안(韓民族共同體統一方案)'을 발표한다. 이는 전두환 정권 시기의 '민족화합민족민주통일방안'을 보강한 것으로, '자주·평화·민주'의 3대 원칙 아래 과도체제인 남북연합을 실현시키기 위한 민족공동체헌장 채택 단계와 남북연합 단계를 거쳐 통일민주공화국 실현 단계로 나아간다는 3단계의 통일방안이다. 이때 발표된 '남북연합'은 이후의 정권에서 재확인됨으로써 궁극적인 통일로 나아가는 과정에서 남북연합이라는 과도적 단계를 거칠 필요가 있다는 데 대해 국민적 합의가 이루어졌다고 할 수 있다.[31]

구체적으로 '남북연합기구'는 최고결정기구로 '남북정상회의'를 두고 그 밑에 남북 쌍방 정부대표로 구성하는 '남북각료회의'와 남북 쌍방 국회대표로 구성되는 '남북평의회'를 두어 그들의 업무를 지원하며 쌍방 합의사항을 집행하기 위한 공동사무처와 상주연락대표부를 서울특별시와 평양특별시에 설치하도록 하고 있다. 남북연합기구에서는 남북 간의 모든 문제를 토의하고 합의에 따라 민족공동체의 회복에 기여할 수 있는 조치를 취한다. 이에 따라 남북한의 이질성이 극복되고 남북 간에 합의가 성립되는 데 따라 남북평의회에서 통일헌법을 기초하고, 또한 총선거 방법도 결정하여 민주적으

---

31) 한반도 통일을 위한 '남북연합'의 단계라는 개념은 김대중 전대통령이 야당시절부터 주장한 내용이다. 한편 한국정부의 '남북연합'안에 대한 상세한 연구는 신정현·김영윤·김현·정성장, 『국가연합 사례와 남북한 통일과정: 남북연합 형성에 관한 새로운 모색』(서울: 한울, 2004)를 참조

로 통일국회와 통일정부를 구성하면 우리 민족은 비로소 통일민족 국가를 이룩할 수 있다는 것이다.

이를 단계별로 보면, 첫 단계는 민족공동체 헌장을 마련하는 단계로, 통일헌법에 의해 민주공화국을 건설할 때까지 남북관계를 이끌어가는 기본장전의 기능을 수행하게 된다. 다음은 민족공동체헌장을 토대로 한 남북정상회의와 실행기구인 남북각료회의, 통일헌법의 기초 및 통일실현 방법·절차를 마련하는 남북평의회 등의 과도기 구를 설치하는 단계이다. 마지막 단계에서는 남북평의회에서 마련한 통일헌법을 바탕으로 총선거를 실시해 통일국회와 통일정부를 구성함으로써 통일의 최종단계에 이르게 된다.[32]

1994년 8월 15일 발표된 김영삼 대통령의 '민족공동체통일방안(民族共同體統一方案)'은 하나의 민족공동체를 건설하는 것을 목표로 점진적·단계적 통일을 이루어나가야 한다는 기조 위에서 통일과정을 화해·협력단계, 남북연합단계, 통일국가 완성단계의 3단계로 설정하고 있다. 이 통일방안은 과거 노태우 정권의 한민족공동체 통일방안의 기본골격을 유지한 채 단계적 기능주의 입장을 택하고 있다. 이 시기 민족공동체 통일방안은 화해·협력단계를 추가로 설정하여 분명한 3단계로 구분하고 있고 단계별 추진과정의 기조를 강조하고

---

32) 노태우의 한민족공동체통일방안의 내용은 노태우, 『노태우 대통령 연설문집』제2집(서울: 대통령비서실, 1990), 255~263쪽 참조. 심지연, 『남북한 통일방안의 전개와 수렴』, 399~407쪽에서 재인용.

있다는 점에서 한민족공동체 통일방안과 차이가 있다.33)

김대중 정부와 노무현 정부는 공식적으로 통일방안을 제시하지 않았다. 따라서 공식적으로는 전임정부의 민족공동체 통일방안이 두 정부의 통일방안이라고 간주할 수 있다. 그러나 경우에 따라서는 김대중 대통령이 재야 시절에 발표한 3단계 통일방안을 더 비중 있게 평가하고 있는지도 모른다. 김대중 대통령은 대통령이 되기 전 야당시절 이미 자신의 '3단계 통일론(三段階 統一論)'에 입각하여 남북관계를 개선하기 위한 많은 노력을 기울였다.

김대중의 3단계 통일론은 1971년 그가 신민당 대통령 후보로서 제안한 이래 계속 유지되었는데, 이후 정리 및 발전되어 1995년 '3단계 통일론'이라는 내용으로 다시 발표되었다. 3단계 통일론은 '자주'·'평화'·'민주'의 세 가지 원칙에 의해 통일이 추진되어야 한다는 것을 전제로 한다. 그리고 3단계 중 제1단계는 '남북연합' 단계로서 1연합·1민족·2국가·2체제·2독립정부를 이룬다. 남북 연합은 남과 북이 현존 상태를 그대로 상이한 이념과 이질적인 정치·경제 체제 및 두 정부를 유지하면서 긴밀한 협력기구를 형성하여, (남북연합정상회의와 남북연합회의를 통해) '분단 상황을 평화적으로 관리'하는 한편 '통합 과정을 효율적으로 관리'해 나가는 제도적

---

33) 김영삼의 민족공동체통일방안의 내용은 김영삼, 『김영삼 대통령 연설문집』 제2집(서울: 대통령비서실, 1994), 326~331쪽 참조. 심지연, 『남북한 통일방안의 전개와 수렴』, 429~434쪽에서 재인용.

장치를 의미한다.

이 상태는 아직 '정치적 통합'의 단계가 아니며, 화해·협력을 촉진시키기 위한 제도적 장치로서의 의미가 강하다. 제2단계는 '연방' 단계로서 1민족·1국가·1체제·2지역자치정부를 이룬다. 이때 연방정부는 외교·군사·주요내정의 권한을 지닌다. 마지막 제3단계는 1민족·1국가·1체제·1중앙정부의 단계로 완전한 통일의 완성형태를 뜻한다.[34]

한편 1980년대 이후 재야에서 통일운동을 주도한 인사 중 대표적으로 문익환 목사를 들 수 있다. 문익환 목사는 유신체제와 그에 맞서는 민중의 희생, 특히 장준하의 죽음을 계기로 민주투사의 길로 들어섰다. 그는 1980년 광주민주항쟁을 묵도하고 나서 민주화와 통일은 함께 추진되어야 하며, 분단극복 없이는 민주화의 달성이 어렵다는 인식을 갖게 되었다. 특히 1988년에는 '한국기독교협의회 선언'을 발표하여, 신앙고백과 평화통일의 신앙적 근거를 제시하고 통일에의 원칙과 정책을 건의했다. 문익환 목사는 3단계 연방제 통일방안을 주장했고, 또한 남북관계의 발전을 위해 직접 북한을

---

34) 특히 제1단계인 '남북연합' 단계의 의의가 크다. 3단계 통일론에 대한 보다 자세한 사항은 Kim Dae-Jung, *Unification, Democracy, and Peace: A Collection of Essays, Speeches, and Discussions*(Seoul: The Kim Dae-Jung Peace Foundation Press, 1994); 아태평화재단, 『김대중의 3단계 통일론: 남북연합을 중심으로』(서울: 아태평화재단, 1995) 참조.

방문하기도 했다.[35]

　문익환 목사는 1989년 3월 말 평양을 방문하여 김일성과 두 번에 걸쳐 회담을 가졌으며, 회담의 결과는 4월 2일 북한의 조국평화통일위원회(祖國平和統一委員會) 위원장인 허담과의 공동성명 ― '자주적 평화통일과 관련한 원칙적 문제 9개항' ― 에서 공식 발표되었다.[36] 문

---

35) 문익환 목사가 1988년 4월 제안한 3단계 연방제 통일방안은 다음과 같다. ① 제1단계로서 '국가연합'을 구성함으로써 남북한 각자가 군통수권과 외교권을 보유하며, 이를 바탕으로 '영세중립국'의 건설을 목표로 한다. ② 제2단계로서 '남북한 연방국가'를 건설함으로써 남북한 현재의 사회체제와 경제체제를 유지하며, 이러한 상황하에서 남북한의 군통수권과 외교권을 통합해 나아간다. ③ 제3단계로서 '지방자치제'를 엄격히 실시하는 '통일국가'를 건설하며, 이렇게 도(道) 단위의 세분화된 지방자치의 연방제 통일국가를 건설함으로써 Ⅰ민족·Ⅰ국가·Ⅰ체제·Ⅰ정부(Federal Government)의 국가를 건설한다. 문 목사의 통일 논의에 대해서는 문익환, 「민주회복과 민족통일」, ≪씨올의 소리≫(1978, 7·8월호); 문익환, 『통일은 어떻게 가능한가』(서울: 학민사, 1984); 김지형 외, 『통일은 됐어』(서울: 지성사, 1994) 및 www.moon.or.kr를 참조.

36) 9개항의 합의 성명 중 북한에서는 다음의 4항과 6항을 중요시하고 있다. "4. 쌍방은 누가 누구를 먹거나 누가 누구에게 먹히우지 않고 일방이 타방을 압도하거나 타방에게 압도당하지 않는 공존의 원칙에서 련방제방식으로 통일하는것이 우리 민족이 선택해야 할 필연적이고 합리적인 통일방도가 되며 그 구체적인 실현방도로서는 단번에 할수도 있다는 점에 견해의 일치를 보았다. 6. 문익환목사는 교차승인, 교차접촉에 대한 북의 거부적 립장과 통일의지를 확인하고 조국평화통일위원회쪽은 문익

목사의 평양 회담 결과는 이후 남북 간 통일방안의 합의점을 찾는데 '씨알'이 되었다. 방북 후 간첩행위로 수감되기도 했던 그는 1994년 작고하기 전까지 통일운동에 열정적으로 참여했다.

2. 북한 통일방안에 대한 검토

북한은 오랫동안 통일을 민족해방과 인민민주주의혁명론의 관점에서 해석해 왔다. 통일문제를 전국적 범위에서의 혁명으로 보는 관점은 1945년 10월 10~13일에 열린 '조선공산당 북부조선 책임자 및 열성자회의'에서 '민주기지론'이 제기된 후 지금까지 일관되게 유지되고 있다.[37]

북한의 민주기지론은 민주기지의 창건과 민주기지의 강화라는 두 단계를 거쳐 완성되었다. 전자는 조선공산당의 분국 설치, 후자는 정부수립을 뜻한다. 김일성은 북한에 창설해 놓은 민주기지가 조선

환목사가 주장하는 북남교류와 점진적인 련방제통일방안이 두개 조선을 지향하는 것이 아님을 확인하고 이를 긍정적으로 평가했다." 장 석, 『김정일장군 조국통일론 연구』(평양: 평양출판사, 2002), 387~388쪽.

37) 정창현, 「4월민중항쟁 전후 북한의 통일노선과 통일정책」, 한국역사연구회 4월민중항쟁연구반, 『4·19와 남북관계』(서울: 도서출판 민연, 2000), 171쪽. 그러나 '민주기지론'은 통일방안이라고까지는 할 수 없다. 북한 최초의 통일방안은 한국전쟁 이전 시기부터 주장해 온 '남북총선거' 안(案)이라고 보는 것이 일반적이다.

인민의 해방투쟁에서 결정적 역할을 했다고 보며 이를 바탕으로
한반도 전체에서 통일선거를 실시하여 통일된 자주 독립국가를
건설할 수 있다고 보았다.[38]

한국전쟁이 끝난 후 김일성은 미군의 존재로 인해 무력을 통한
통일은 가능성이 희박하다고 판단하여 과거의 민주기지론을 더욱
발전시킨 '3대혁명역량 강화론'을 제시했다. 자주적 평화통일을
위한 구체적 '통일방안'으로 이전 시기 주장해 온 '남북총선거'안(案)
을 더욱 발전시켰다. 먼저 전자와 관련, 1957년 8월 25일 김일성은
송도정치경제대학 제1회 졸업식 연설에서 다음과 같이 밝히고
있다.

> 첫째로 남반부에서 노동운동이 발전되고 앙양되여야 합니다.
> 둘째로 북반부에서 사회주의 건설이 더욱 성과적으로 진행되여야
> 합니다. 이것은 남조선인민의 투쟁을 더욱 고무할 것입니다. 셋째
> 로 사회주의진영 국가들에서 사회주의건설이 더욱 승리적으로 진
> 행되여 이 진영이 더욱 강대해지며 제국주의를 반대하는 세계인민
> 들의 역량이 강화되여야 합니다. 이러한 조건들이 성숙되는 때에는
> 미제가 남조선에서 손을 떼지 않을 수 없게 될 것입니다.[39]

38) 심지연, 『남북한 통일방안의 전개와 수렴』, 29~30쪽.

39) 국토통일원, 『남북한통일제의자료총람』 제1권(1985), 335~336쪽. 정창
   현, 「4월민중항쟁 전후 북한의 통일노선과 통일정책」, 175~176쪽에서
   재인용. 3대혁명역량 강화방침은 1964년 2월 조선로동당 중앙위원회

후자와 관련해서 김일성은 1949년 6월 28일 결성된 조국통일민주 주의전선의 선언문에서 미군과 유엔한국위원단의 철수 후, 제정당 및 사회단체 대표로 구성되는 선거지도위원회의 지도 아래 남북총 선거를 실시하자고 제안했다. 한국전쟁 직전인 1950년 6월 19일에도 북한의 최고인민회의와 남한 국회를 단일한 입법기관으로 통합한 후 헌법을 채택하고 정부를 구성한 다음, 다시 전조선입법기관을 선거한다는 내용의 통일안을 제시했다. 한국전쟁이 끝난 후에도 이는 계속 이어졌는데, 1954년 4월 제네바정치회담 및 1956년 4월 조선로동당 제3차 대회에서도 총선거에 의한 통일정부 수립안을 주장했다.

남북한은 1957년 9월 20일 최고인민회의 제2기 1차회의에서 남북 총선거안을 보다 구체화시켜 제안했다. 김일성은 "외부적 압력과 구속 없이 일반적·평등적·직접적 비밀투표의 방법으로 전국적인 선거를 실시함으로써 남북으로 분렬된 우리 조국을 통일"해야 한다 고 주장했다. 또한 이를 위해 우선적으로 한반도의 긴장완화와 다방

4기 8차 회의에서 정식으로 채택된다. 여기에서 김일성은 3대혁명역량을 "첫째, 공화국 북반부에서 사회주의 건설을 잘하여 우리의 혁명기지를 정치, 경제, 군사적으로 더욱 강화하는 것이며, 둘째, 남조선인민들을 정치적으로 각성시키고 튼튼히 묶어세움으로써 남조선의 혁명력량을 강화하는 것이며, 셋째, 조선인민과 국제혁명력량과의 단결을 강화하는 것"이라고 정의하고 "조국의 통일, 조선혁명의 전국적 승리는 3대력량의 준비에 달려있다"라고 강조했다.

면의 남북교류를 주장하고 이에 선행하여 모든 외국군의 철수와 상호 감군을 요구했다.[40]

4·19 혁명으로 남한에서는 장면 정부가 들어섰다. 장면 정부하에 서는 그동안 금압되었던 비정부 차원의 통일논의가 분출했다. 평화 통일을 주장하는 '혁신세력'이 전면에 부상하자 북한은 통일의 호기 (好機)가 왔다고 판단한 것 같다. 김일성은 남북총선거에 대한 일종의 대안으로 연방제를 주장했다. 당시 제안된 내용의 요지는 다음과 같다.

어떠한 외국의 간섭도 없는 민주주의적 기반 위에서 자유로운 남북총선거를 실시한다.

아직 남한 당국이 자유로운 총선거를 받아들일 수 없다면 과도 적 조치로서 남북의 연방제를 실시하도록 한다.

만일 상기 제안 등을 남한정부가 동의치 않는다면 남북한 실업 계 대표로 구성되는 순전한 경제위원회라도 조직한다.

남북한 문화사절 왕래와 과학·문화·예술·체육 등 모든 분야에 서의 교류를 다시 한 번 제의한다.

남한에서의 미군의 즉시 철수를 요구하며, 남북한 군대를 각각

---

40) 북한의 한반도에서의 긴장완화와 남북교류 주장은 이후 1958년 2월 5일에 발표된 '조선민주주의인민공화국 정부성명'에서 보다 체계화되었 다. 내용은 정창현, 「4월민중항쟁 전후 북한의 통일노선과 통일정책」, 180쪽 참조.

10만 또는 그 이하로 축소한다.

이상의 제 문제를 협의하기 위해 남북한 대표들이 평양이나 서울 또는 판문점에서 만날 것을 남한 당국과 정당·사회단체 및 개별적 인사들에게 제의한다.[41]

이때 제안된 연방제는 최종 통일을 달성하기 이전까지의 과도적 조치였다. 북한의 공식적 통일방안은 여전히 남북총선거였다. 이후 연방제 제안은 점차 구체화되었는데, 그중 가장 구체적인 내용을 담고 있는 것이 1960년 11월 19일 최고인민회의 제2기 8차회의에서 최고인민회의 상임위원회 위원장 최용건이 발표한 '조국의 평화적 통일을 더욱 촉진할 데 대하여'라는 보고이다. 여기서 그는 "우리들이 제안하는 연방제는 당분간 남북조선의 현재 정치제도를 그대로 두고 조선민주주의 인민공화국 정부와 대한민국 정부의 독자적 활동을 보존하면서 동시에 두 정부의 대표들로 구성되는 최고민족 위원회를 조직하여 주로 남북조선의 경제·문화 발전을 통일적으로 조절하는 방법으로 실시하려는 것"이라고 설명하고 있다.[42]

41) 1960년 8월 14일 '8·15해방 15주년 경축대회'에서 제안된 내용이다. 《로동신문》, 1960년 8월 15일. 전인영, 「장면정권기 남·북관계와 통일정책」, 한국정신문화연구원 현대사연구소 편, 『1960년대의 전환적 상황과 장면 정권』(서울: 오름, 1998), 290~291쪽에서 재인용.

42) 전인영, 「장면정권기 남·북관계와 통일정책」, 291쪽. 최용건의 연설 내용 전문은 국토통일원, 『남북한통일제의자료총람』 제1권(1985), 470~

북한이 이러한 내용의 연방제를 제시한 것은 4·19 혁명 이후 남한 사회에서 벌어진 활발한 통일논의와 연관되어 있다. 이 제안은 당시 남한의 장면 정부에 의해 즉각 거부되었다. 그러나 남한의 일부 혁신적인 학생·사회단체의 지지를 받는 등 남한 내의 통일운동에 상당한 반향을 불러일으켰고, 이에 자극받은 북한은 이듬해 5월 조국평화통일위원회를 결성하고 이 기구를 통해 남북연방제를 다시 한 번 제의했다.

남한에서 5·16 쿠데타가 일어나고 박정희 정권이 들어서자 북한은 통일방안에 관한 구체적 논의를 더 발전시키지 못한다. 한반도에 첨예한 대립이 고조되던 그때 북한은 이전 시기 마련해 두었던 '3대혁명역량'을 강화하는 작업을 진전시킬 뿐이었다.[43]

1970년에서 1973년 사이의 남북대화기에 이르면 북한의 통일방안 제의는 다시 활발해진다. 우선 1970년 11월 제5차 당대회에서 연방제 통일방안이 다시 제기되었고, 1971년 4월 최고인민회의 제4기 5차회의에서 허담이 '8개항 통일방안'을 제시한다. 허담의 제안은 종래 북한의 통일방안을 보다 체계화한 것으로서, 1970년대 북한 통일방안의 기조를 이룬다고 볼 수 있다. 그 내용을 살펴보면 다음과 같다.

516쪽 참조.
43) 한겨레사회연구소 민족분과, 『분단에서 통일로』, 74~75쪽.

남한에서 미군이 철수할 것.

미군 철수 후 남·북한 군대를 각각 10만 또는 그 이하로 줄인다.

한미 상호방위조약과 한일협정을 비롯한 남한이 외국과 체결한 조약들과 협정들을 폐기하며 무효로 선언해야 한다.

자주적이며 민주적인 기초 위에서 자유로운 남북총선거를 실시하여 통일적인 중앙정부를 수립한다.

자유로운 남북총선거를 실시하기 위해 남북한 전 지역에서 각 정당, 사회단체 및 개별적 인사들이 정치활동을 벌일 수 있는 완전한 자유를 보장하고 정치범과 애국자들을 석방한다.

완전한 통일에 앞서 필요하다면 현재와 같은 남북의 상이한 사회제도를 그대로 두고 과도적 조치로서 남북연방제를 실시한다.

남북 간에 통상과 경제적 협조, 과학·문화·체육 등 여러 분야에 걸친 상호교류와 인사왕래를 실시한다.

이상의 문제를 협의하기 위해 각 정당, 사회단체들과 전체 인민적 성격을 가진 사람들로서 남북한 정치협상회의를 진행한다.[44]

이 제안을 보면 연방제안과 남북총선거안이 섞여 있다. 이로 미루어 볼 때 북한 내부에서 연방제안의 구체적 내용이 아직 명확하게 정리되지 않았다고 보아야 할 것이다. 이 제안은 당시 갑자기 물꼬가 트인 남한 당국과의 대화를 위해 서둘러 마련되었다고 볼 수 있다. 1973년 6월 23일 김일성은 '민족의 분렬을 방지하고 조국을 통일하

---

44) 한겨레사회연구소 민족분과, 『분단에서 통일로』, 75~76쪽.

자'라는 제목으로 이를 보다 체계화하여 발표했다. 그 내용을 요약하
면 다음과 같다.

> 남북 사이 관계개선을 위해 무엇보다 먼저 북과 남 사이의 군사
> 적 대치상태를 해소한다.
> 북과 남 사이에 정치, 군사, 외교, 경제, 문화의 여러 분야에
> 걸쳐 다방면적인 합작과 교류를 실현한다.
> 북과 남의 광범한 각계각층 인민과 각 정당, 사회단체 대표로
> 구성되는 대민족회의를 소집한다.
> 남과 북 사이 단일 국호에 의한 연방제를 실시하고, 국호는 고려
> 연방공화국이라고 한다.
> 분열의 고착화를 막기 위해 고려연방공화국의 단일국호를 가지
> 고 UN에 가입한다.[45]

그러나 2개월 뒤 북한은 당시 진행되고 있던 남한과의 대화를
유신체제와 6·23 선언이 통일과 남북대화의 장애물임을 지적하면
서 중단했다.[46] 이후 1980년이 되어 남한에서 광주항쟁이 발생하고

---

45) 김일성, 『김일성저작집』 28(평양: 조선로동당출판사, 1984), 382~395쪽.
46) 1973년 6월 23일 박정희 정권은 '평화통일 외교정책선언(일명 6·23
   선언)'을 발표하여 미국의 '두 개의 한국정책의 기조에 따른 교차승인',
   UN 동시가입 등을 주장했다. 한겨레사회연구소 민족분과, 『분단에서
   통일로』, 77쪽 참조. 이에 대해 김일성은 남북이 UN에 따로 가입하는
   것은 민족을 영원히 둘로 갈라놓는 것이라면서 극렬히 비난했다.

정국이 혼미해지자 북한은 그해 10월 10일 당 제6차 대회에서 이전의 과도적인 조치로서의 연방제가 아니라 완전한 통일국가의 형태로서 연방제를 제안했다.

김일성이 이날 발표한 '고려민주련방공화국창립방안(이하 '고려연방제')'은 오늘날의 김정일 시대까지 북한 통일방안의 기본 내용을 이루고 있는데, 그 내용을 정리하면 다음과 같다.

련방국가의 창립방도와 권력구조 우리 당은 북과 남이 서로 상대방에 존재하는 사상과 제도를 그대로 인정하고 용납하는 기초우에서 북과 남이 동등하게 참가하는 민족통일정부를 내오고 그밑에서 북과 남이 같은 권한과 의무를 지니고 각각 지역자치제를 실시하는 련방공화국을 창립하여 조국을 통일할 것을 주장합니다.

련방정부의 조직과 사명 련방형식의 통일국가에서는 북과 남의 같은 수의 대표들과 적당한 수의 해외동포대표들로 최고민족련방회의를 구성하고 거기에서 련방상설위원회를 조직하여 북과 남의 지역정부들을 지도하며 련방국가의 전반적인 사업을 관할하도록 하는것이 합리적일것입니다.

련방정부의 임무 최고민족회의와 그 상임기구인 련방상설위원회는 련방국가의 통일정부로서 전민족의 단결, 합작, 통일의 념원에 맞게 공정한 원칙에서 정치문제와 조국방위문제, 대외관계문제를 비롯하여 나라와 민족의 전반적리익과 관계되는 공동의 문제들을 토의결정하며 나라와 민족의 통일적 발전을 위한 사업을 추진하고 모든 분야에서 북과 남 사이의 단결과 합작을 실현

하여야 할것입니다. 련방국가의 통일정부는 북과 남에 있는 사
회제도와 행정조직들, 각당, 사파, 각계각층의 의사를 존중히
여기며 어느 한쪽이 다른 쪽에 자기의사를 강요하지 못하도록
하여야 할것입니다.

지역정부의 임무 북과 남의 지역정부들은 련방정부의 지도밑에 전
민족의 근본 리익과 요구에 맞는 범위에서 독자적인 정책을 실시
하며 모든 분야에서 북과 남사이의 차이를 줄이고 나라와 민족의
통일적 발전을 이룩하기 위하여 노력하여야 할 것입니다.

련방정부의 운영방법 련방국가의 통일정부인 최고민족련방회의
와 련방상설위원회는 북과 남의 공동의장과 공동위원장을 각각
선출하여 그들이 륜번제로 운영하도록 하는것이 합리적일것입
니다.

련방국가의 국호 련방국가의 국호는 이미 세계적으로 널리 알려진
우리나라 통일국가의 이름을 살리고 민주주의를 지향하는 북과
남의 공통한 정치리념을 반영하여 고려민주련방공화국으로 하
는것이 좋을것입니다.

련방국가의 중립적 성격 고려민주련방공화국은 어떠한 정치군사
적동맹이나 뿔럭에도 가담하지 않는 중립국가로 되여야 합니
다.47)

---

47) 김일성, 『김일성저작집』 35(평양: 조선로동당출판사, 1987), 338~356쪽.
분류는 공제민, 『고려민주련방공화국창립방안』(평양: 사회과학출판사,
1989), 46~58쪽 참조.

1980년 중반부터 조짐을 보인 사회주의권의 변화와 붕괴 현상은 1990년대 초에 이르러 본격화되었다. 1990년 동독의 붕괴로 분단 독일이 통일되었고 1991년에는 소련 사회주의연방공화국이 해체되었다. 이러한 급격한 변화의 와중에 김일성은 기존의 고려연방제를 부분적으로 수정하여 새로운 통일방안을 마련했다.

특히 독일 통일 얼마 뒤인 1990년 10월 18일 제2차 남북고위급회담 남측 대표단과의 회견에서 김일성은 '하나의 민족, 하나의 국가, 두 개 제도, 두 개 정부에 기초한 연방제 방식'의 통일을 제의했다. 또한 1991년의 신년사를 통해서는 "하나의 국가, 하나의 제도에 의한 '제도통일론'을 주장하는 것은 나라의 분렬을 끝없이 지속시키자는 것이며 결국 통일을 하지 않자는 것"이라고 주장하며, "잠정적으로는 련방공화국의 지역자치정부에 더 많은 권한을 부여하며 장차로는 중앙정부의 기능을 더욱 더 높여나가는 방향에서 련방제 통일을 점차적으로 완성하는 문제도 협의할 용의"가 있음을 밝혔다.[48]

1994년 김일성이 사망한 후 김정일은 김일성 시대에 발표된 '조국

---

48) 김일성, 「신년사(1991년 1월 1일)」, 『김일성저작집』, 43(평양: 조선로동당출판사, 1996), 12~13쪽. 정성장, 「통일정책의 전개와 변화」, 박호성·홍용표 외, 『북한사회의 이해』(서울: 인간사랑, 2003), 383쪽에서 재인용. 김일성이 당시 '제도통일'을 강하게 비판한 것은 독일식 통일을 절대로 수용할 수 없음을 명백히 하기 위함이다.

통일 3대원칙'과 '전민족대단결 10대강령' 그리고 '고려민주련방공
화국 창립방안'이 조국통일의 근본원칙과 방도를 체계화하고 집대
성했다 하여 이를 '조국통일의 3대헌장'으로 정립한다. 김정일은
"우리 조국의 통일문제를 순조롭게 해결하기 위한 가장 합리적인
방도는 련방제방식에 기초하여 나라의 통일을 실현하는 것"이라고
하면서, 자신은 김일성이 제시한 고려연방제를 통일방안으로서 계
속 유지해 나갈 것이라고 밝히고 있다.49)

제4장 맺음말: 남북한 통일방안의 접근

통일문제를 보다 성숙하게 다룰 수 있는 여건이 조성되면 북한
측의 요구를 평가하는 기준도 지금과는 다른 수준에서 설정되어야
할 것이다. 이제는 북한이 제시한 통일방안을 우리가 어느 정도까지
수용할 수 있는가를 면밀히 검토한 할 필요가 있다.
지금까지 남한의 통일정책은 교류와 협력을 통해서 점진적으로
통일로 접근한다는 소극적인 방식을 모색해 왔다. 그러나 이러한
방식은 반복적인 성공과 실패의 악순환만을 거듭했을 뿐, 남북관계
를 개선하는 데는 별로 큰 도움을 주지 못했다. 이제야말로 한반도

---

49) 김정일, "위대한 수령 김일성동지의 조국통일유훈을 철저히 관철하자,"
　　《로동신문》, 1997년 8월 20일.

통일의 대내외적 환경의 변화에 걸맞은 새로운 통일방안을 모색해야 할 시기이다.

이제는 북한이라는 상대방을 정확하게 인식하는 기초 위에서 평등과 호혜의 원칙이 반영되는 통일방안을 정립해야 한다. 현 시기 남북한의 통일방안이 점차 연합제 방식으로 근접해 가고 있음은 매우 다행스러운 일이다. 그러나 아직 연합 자체는 통일을 위한 과정일 뿐이다. 기존 통일방안을 보면 특히 연합제에서 연방제로 나아가는 방식에 대한 논의가 부족하므로,[50] 이러한 문제의식을 바탕으로 필자가 생각하는 방식을 밝히면 다음과 같다.

먼저 과거 논란이 많았던 연방입법부의 구성과 관련된 논의해 보기로 한다. 연합제 자체는 기존 두 개의 국가제도를 해체하거나 일부 수정하는 것이 모두 불가능하다. 이 각기의 제도와 체제를 그대로 유지하는 조건 아래 1국가 2체제의 연방제 도입을 위한 연방입법기관의 창설에 필요한 소위원회가 필요하며, 소위 인원은 '남북 동수'로 한다. 그리고 이를 위해 남북 제 정당 및 사회단체, 해외교민 각계각층을 대표로 하는 연방최고입법기관을 만든다. 이

---

50) 학계에서 지적하는 연합제 통일방안의 가장 큰 단점은 '남북연합' 단계에서 그 다음 단계로 넘어가는 과정에 대한 이론적·정책적 분석 및 구체적인 실천방안이 없다는 것이다. 이와 관련하여 특히 최완규, 「남북한 통일방안의 수렴가능성 연구: 연합제와 낮은 단계의 연방제」, ≪북한연구학회보≫, 제6권 제1호(2002), 12~14쪽을 참조.

기관 밑에 안보, 외교, 경제, 과학기술 등의 4개 위원회를 두고 완전한 통일정부 수립을 위해 필요한 세부사항을 토의, 결정한다.

이 4개 분과위원회의 기능과 역할에 대해 살펴보기로 한다. 우선 안보분과위원회에서는 통합군을 창설하여 외국과의 군사충돌이 발생할 때 국토방위의 의무를 수행하게 해야 한다. 세부적으로 통합군 창설은 국무분과위원회에서 토의하고 통합군의 수, 행동강령 등에 대한 사항 역시 함께 취급한다. 예컨대 현재의 남과 북 현역군에서 일정 병력으로 국방통합군을 창설하고, 일부 병력은 지역자치군으로 편성하여 남북자치지역 내에 치안유지에 필요한 최소한의 병력으로 유지한다. 그런데 지역자치군의 비율은 인구, 해안선의 연장 및 각종 범죄율 등을 참조하고 특히 북한의 경우 정부군 이외 노동적위대 등의 특수군의 수를 고려한다.

둘째, 외교분과위원회의는 외교통합 문제를 다루어야 한다. 먼저 통일된 연방정부가 민족을 대표해서 UN에 한 국가로 다시 가입하는 것을 원칙으로 삼아야 한다. 만약 몇 가지 사정으로 시간적 여유가 보다 필요할 경우, UN 주재 대사만이라도 연방정부의 지휘 감독을 받아야 한다. 외교통합 문제는 통일된 연방정부가 중립이 보장된다는 상황 아래에서는 큰 이의 없이 합의점에 도달할 수 있을 것으로 보인다.

셋째, 경제분과위원회는 통일과정이나 통일 후의 비중이 다른 어느 분과위원회보다 높을 것으로 예상된다. 경제통합은 지난한

과업으로 남북은 경제의 제도와 운영 면에서 상이한 점이 크지만, 국가체제가 정상적으로 유지된다면 남북 경제의 통합 관리에 충분히 성공할 수 있다고 본다.

넷째, 현재 남한 정부에서 역점을 두고 있는 '민족공동체' 개념이 과학기술분과위원회에서 적절히 활용되어야 한다. 민족 공동의 이익을 촉구하는 서로 간의 기술제공과 협력 등의 각종 교류를 통해 남북한의 통일 일정은 더욱 앞당겨질 수 있다.

통일연방기구의 예산과 통일정부의 수도를 정하는 문제는 남과 북의 합의에 기초하여 결정하는 것을 원칙으로 한다. 필자가 생각하기에는 남과 북의 인구 및 경제성장의 차이 등을 고려하여 통일정부 기구의 예산은 남한 정부가 보다 많이 부담해야 할 것이다. 수도는 객관적인 여건을 감안해 볼 때 명실상부한 국제도시로서의 진면목을 갖추고 있는 서울이 되어야 하겠다.

끝으로 위의 연방정부 창건의 선행조건으로 남북한 사이의 평화협정 체결을 지적하지 않을 수 없다. 휴전협정 당사국은 협정 체결 후 가까운 시일 내 평화협정으로 휴전협정을 대체하여 항구적인 평화보장을 위해 그 의무와 책임을 다해야 하는 것이 국제협정을 준수하는 것이다. 또한 UN의 관례이다. 그러나 현재 한국과 미국은 장기간 평화협정을 체결하지 않고 있으며, 그 이유는 한미상호방위조약을 준수해야 하기 때문이다. 특히 미국은 이 조약이 북한남침에 대비한 전쟁의 저지가 목적이라고 하지만, 그로 인한 미군의 장기주둔은 분단의 고착화, 긴장의 고조, 적대관계의 심화를 야기하여 미국의 주장인 평화보장이 아니라 무력충돌의 위험성을 키우는 역할에 보다 큰 몫을 하고 있다. 결과적으로 전쟁 위험의 제거가 아니라 전쟁 지속의 동기가 유지되고 있는 것이다.

지난 시기 남한 정부는 미국의 한반도 나아가 아시아정책에 공동보조를 취하여 민족자결을 포기하고 그 생존의 수단마저 미국의 재량에 맡겨왔다. 그리고 이로 인해 호혜평등의 원칙뿐만 아니라 남북한 간의 통일에도 커다란 장애요인이 되어왔다. 이를 해결하지 않고서는 통일문제 해결의 실마리는 결코 풀리지 않는다. 앞서 지적한 평화협정 체결은 이를 위한 첫 번째 수순으로 이것을 전제로 우리는 통일정책을 새롭게 정립하고 통일에 관한 남북한 간의 대화를 한 차원 높일 수 있을 것이다.

경남 진주 출신(1939)

부산고등학교 졸업(1957)

육군사관학교 졸업(1962)

경남대학교 행정대학원 북한학과 졸업 행정학 석사(1996)

경남대학교 대학원 정치외교학과 졸업 정치학 박사(1999)

육군 소령 예편

평화통일정책자문회의 상임위원 역임

포항종합제철협력사 협의회 회장 역임

관동대학교 북한학과 겸임교수 역임

미국 듀크(Duke)대학교 방문교수 역임(2001)

경상대학교, 경남대학교 초빙교수 역임(2002)

(주) 영일기업 대표이사(현재)

북한대학원 대학교 초빙교수(현재)

김승곤 박사 유고집
약소국 시각에서 본 강대국 정치와 한반도

ⓒ 정봉화, 2006

엮은이 │ 정봉화
펴낸이 │ 김종수
펴낸곳 │ 도서출판 한울

편집 │ 김경아

초판 1쇄 인쇄 │ 2006년 5월 6일
초판 1쇄 발행 │ 2006년 5월 15일

주소 │ 413-832 파주시 교하읍 문발리 507-2(본사)
　　　　121-801 서울시 마포구 공덕동 105-90 서울빌딩 3층(서울사무소)
전화 │ 영업 02-326-0095, 편집 02-336-6183
팩스 │ 02-333-7543
홈페이지 │ www.hanulbooks.co.kr
등록 │ 1980년 3월 13일, 제406-2003-051호

Printed in Korea
ISBN 89-460-3531-5 93340

* 가격은 겉표지에 표시되어 있습니다.